# 木を育ててみたいのですが。

## 鉢植えで気軽にはじめられます

花福こざる

家の光協会

# もくじ

木を育てる前に。
ガーデニングの基本 …… 5

## 葉を楽しむ木

オリーブ …… 16
シマトネリコ …… 18
ユーカリ …… 20
コニファー …… 22
メラレウカ …… 24
ドドナエア …… 26
カナメモチ …… 28
モミジ …… 30
ヒイラギ …… 32
マツ …… 34
オタフクナンテン …… 36
セイヨウイワナンテン …… 38
マホニアコンフューサ …… 40

Column 1

鉢の選び方 …… 42

## 花を楽しむ木

ロウバイ …… 44
ウメ …… 46
ミモザ …… 48

モモ……50
サクラ……52
ハナミズキ……54
ヤマボウシ……56
エニシダ……58
ライラック……60
ブラシノキ……62
スモークツリー……64
ムクゲ……66
サルスベリ……68
キンモクセイ……70
ツバキ……72
ボケ……74
ジンチョウゲ……76
ユキヤナギ……78
アザレア……80

アベリア……82
ミニバラ……84
シャクナゲ……86
ランタナ……88
アジサイ……90
オーストラリアン ローズマリー……92
ミントブッシュ……94
ブッドレア……96
ハギ……98
エリカ……100
ギョリュウバイ……102
フジ……104
ハゴロモジャスミン……106
アブチロン……108
ブーゲンビレア……110

プルンバーゴ 112
デュランタ 114
Column 2 新枝咲き、旧枝咲きってなに？ 116

## 実を楽しむ木

ブルーベリー 118
ダンチオウトウ 120
サンショウ 122
レモン 124
ユズ 126
ジューンベリー 128
フェイジョア 130
イチジク 132
コムラサキ 134
センリョウ 136
クリスマスホーリー 138
さくいん 140
おわりに 142

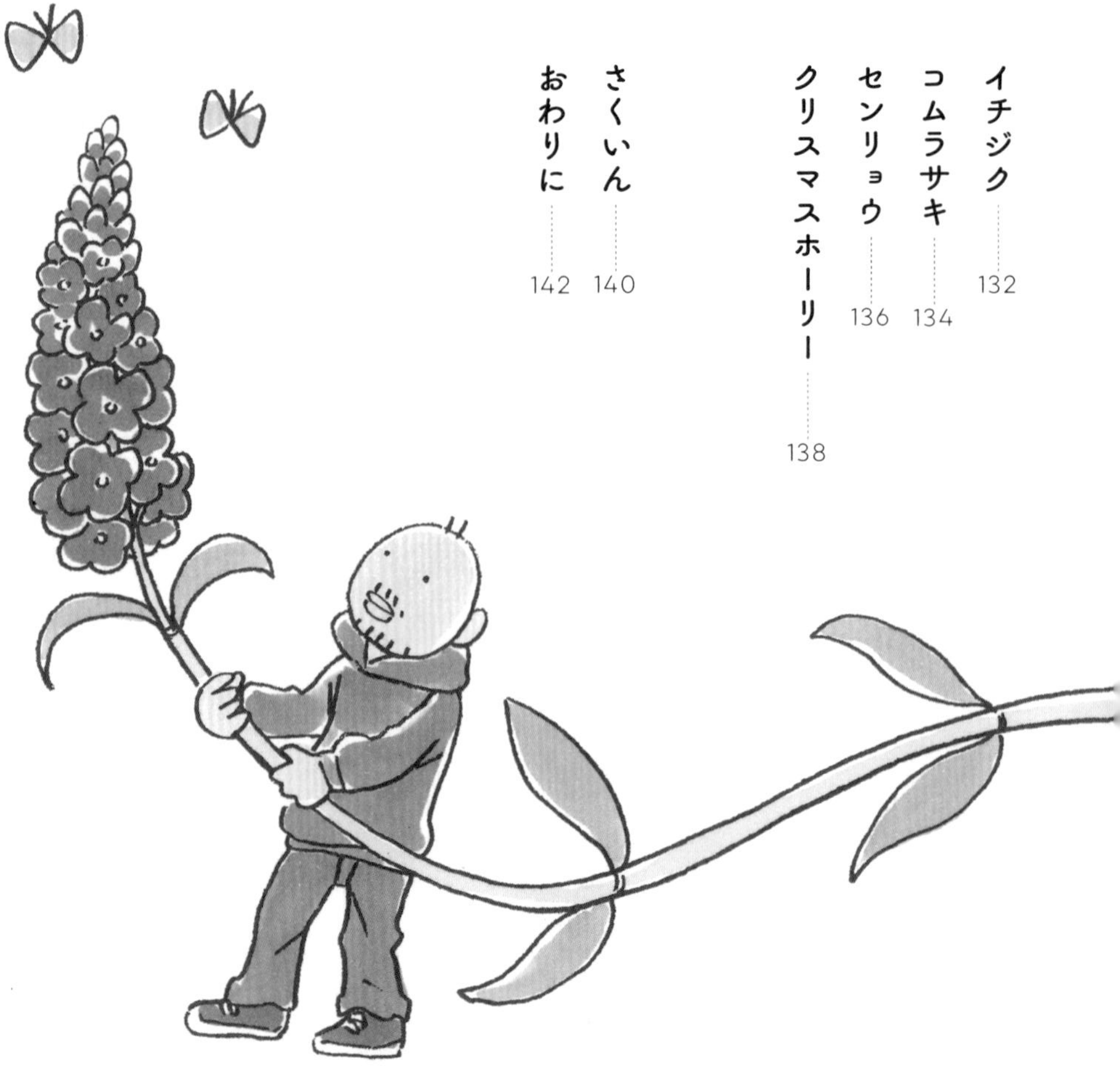

# 木を育てる前に。ガーデニングの基本

こんにちは
花屋兼漫画家の
花福こざると
申します

ダンナと一緒に
花屋「花福」を
営んでおります
どーも
花福

前作『花を育てて
みたいのですが。』で
草花の育て方を
ご紹介したので
花を育ててみたいのですが。
花福
今回は「木」をメインに
花屋の経験を生かして
ご紹介いたします

「木」というと
巨木をイメージする
かもしれませんが
どーん
鉢植えで
育てられるものも
たくさんあります
花や実を
楽しめるものも
たくさんあるよ
鉢植えの
メリット
○ 庭がなくてもOK
○ コンパクトに育てられる
○ 移動できる
移動できると
ホント
便利だよね
ただし！
水やりに少し
工夫が必要かな
夏は乾き
やすいからね
では
ガーデニングの
基本を紹介します！

道具
道具は最初から
そろえなくてＯＫ
あるものを
使いましょう
ペットボトル
（水やりに）
キッチンバサミ
（剪定に）
必要なものは
そのつど
買い足して
いけばよし
園芸用
支柱
園芸用
ワイヤー
鉢底ネット
植木鉢
１００円ショップで
売ってるものも
たくさんあります
土選び
土はどれが
いいの？
いっぱいあって
わかんないよ
ジョリー
（近所のお客さん①）
ベランダガーデニング中
うさんぼ
（近所のお客さん②）
小さいお庭がある
ふつうの
培養土で
いいよ
いろいろ
あるけど
培養土
赤玉土
鹿沼土

培養土も いっぱいあるよ
値段も ピンキリだし
肥料入り
軽い土
リサイクル土
花用培養土
そうだねー
いろいろ使ってみて お気に入りを 見つけてね
ちなみに軽い土は 取り扱いが楽だよ
ベランダ 向き
いいかも
鉢底の軽石
水はけをよくして 根腐れを防ぐ
これもいっぱい あるよー
大
小
ネット入り
これも軽いのが おすすめ
大きさは 鉢に合わせて 選んでね

肥料
続いて肥料の施し方を紹介します
元肥
植えつけ時に施す
緩効性（ゆっくり効くタイプ）がおすすめ
花や実を楽しむ木には化成肥料を
葉を楽しむ木には腐葉土や有機肥料を
追肥
生育期に施す
速効性の液体肥料
→花つきがよくなる
緩効性の固形肥料
→樹木の生長に効果的
株元から離して施す
目的に合わせて使い分けよう
お礼肥
花後や収穫後に施す
おもに速効性のものを使います
寒肥
休眠期に施す
落葉期に
緩効性の有機肥料を使うことが多いです

植え替え
鉢植えは植えっぱなしでいいの？
植え替えしたほうがいいの？
植え替えしないと根詰まりして根が水や養分を吸収できなくなっちゃうんだよね
定期的にしたほうがいいよ
植え方
基本は根鉢を崩さずひと回り大きな鉢に植えます
ウォータースペース
水やりのときに水があふれないように、鉢上から2〜3cmスペースをとる
元肥を混ぜた土
鉢底石
鉢底ネット
植えたら仕上げにたっぷり水をあげてね
下から水が出るまで
根詰まりしていたら
ビッシリ
手で少しほぐす
やさしくね

水やり
水やりは朝にしよう
昼間植物が光合成をするときに水が必要です
基本は土が乾いたらたっぷりと
下から水が出るまで
1日1回じゃないよ
× 1日1回
○ 様子をみて調整する
夏は乾きやすいので
様子をみて朝夕2回とかにしてね
あついー
ちなみに地植えの場合はほとんど水やり不要です
庭いいなー
日当たりと風通し
育てる場所はとっても重要です
じっくり検討してね

日当たりの基本
午前中に日当たりがよい
植物にとって条件がよい
東
日陰なので
あまり園芸向きではない
北
日中日当たりがよいが
夏は暑いので注意
南
午後から日が当たり
夏は西日が強く暑い
西

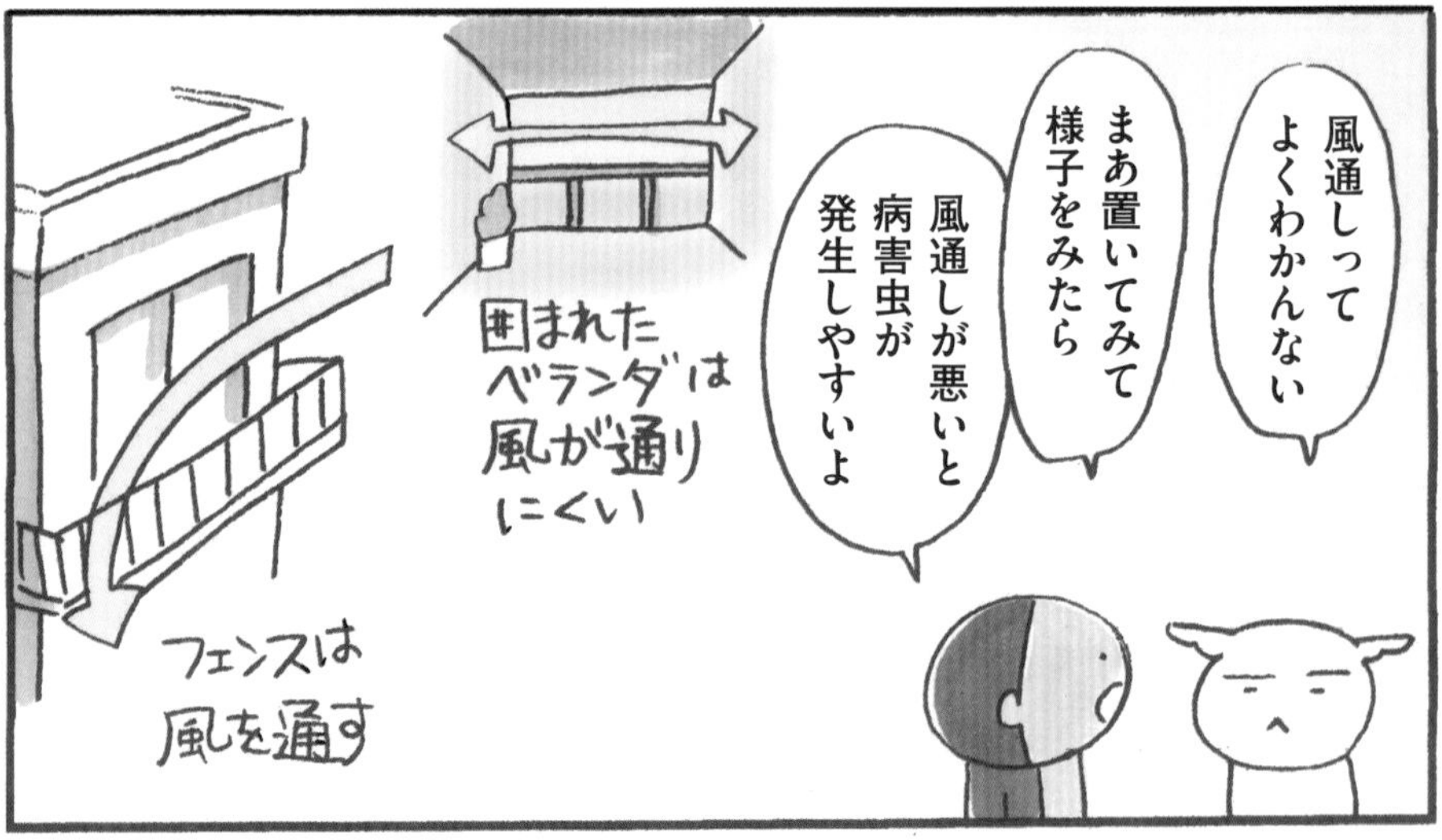
風通しって
よくわかんない
まあ置いてみて
様子をみたら
風通しが悪いと
病害虫が
発生しやすいよ
囲まれた
ベランダは
風が通り
にくい
フェンスは
風を通す

剪定の基本
剪定とは不要な枝や葉を切ること
いろいろな目的があります
○樹形を整える
（小さくする）
○日当たり、風通しをよくして病害虫の発生を防ぐ
○花つき、実つきをよくする

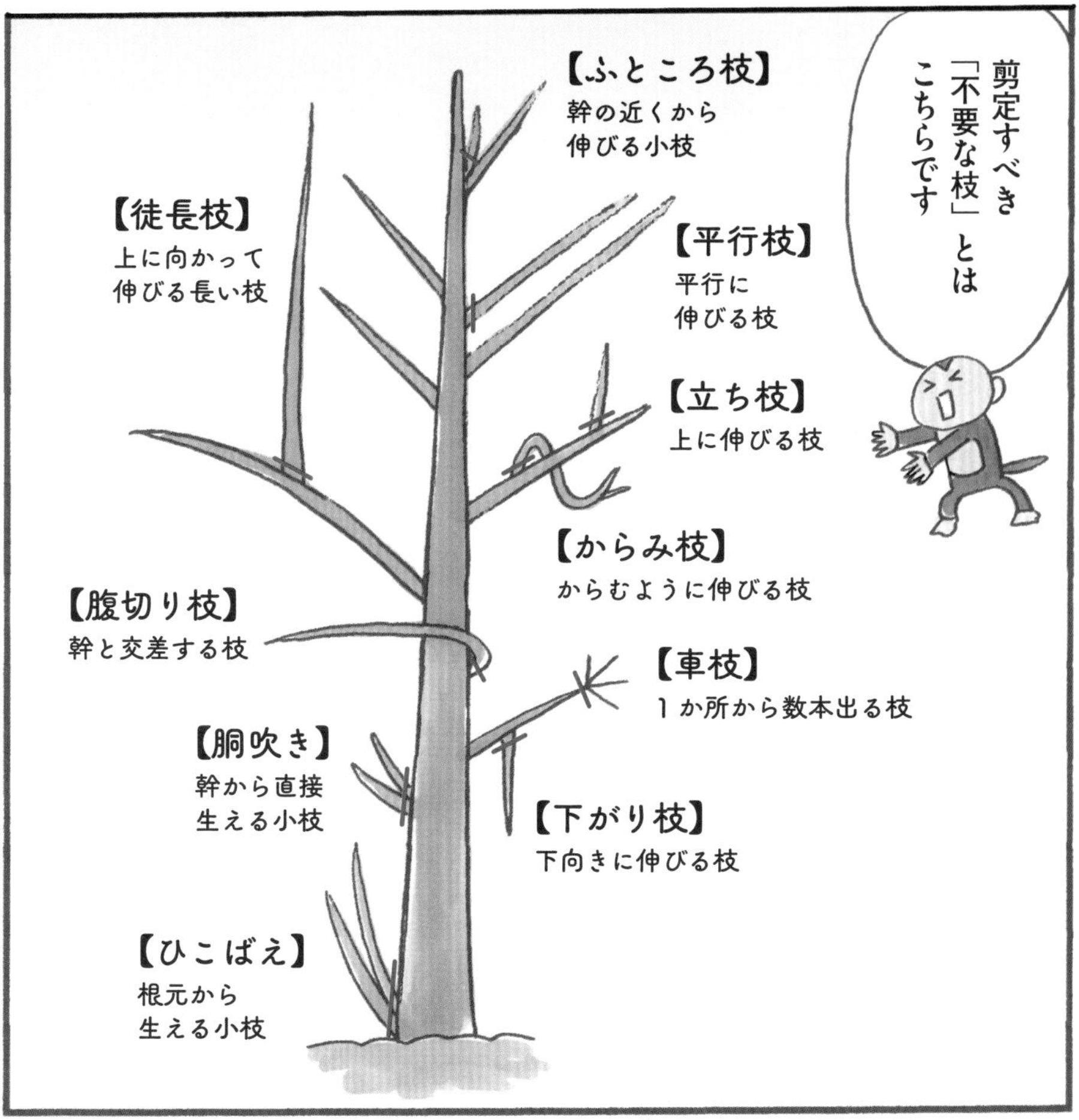
剪定すべき「不要な枝」とはこちらです
【ふところ枝】
幹の近くから伸びる小枝
【徒長枝】
上に向かって伸びる長い枝
【平行枝】
平行に伸びる枝
【立ち枝】
上に伸びる枝
【からみ枝】
からむように伸びる枝
【腹切り枝】
幹と交差する枝
【車枝】
1か所から数本出る枝
【胴吹き】
幹から直接生える小枝
【下がり枝】
下向きに伸びる枝
【ひこばえ】
根元から生える小枝

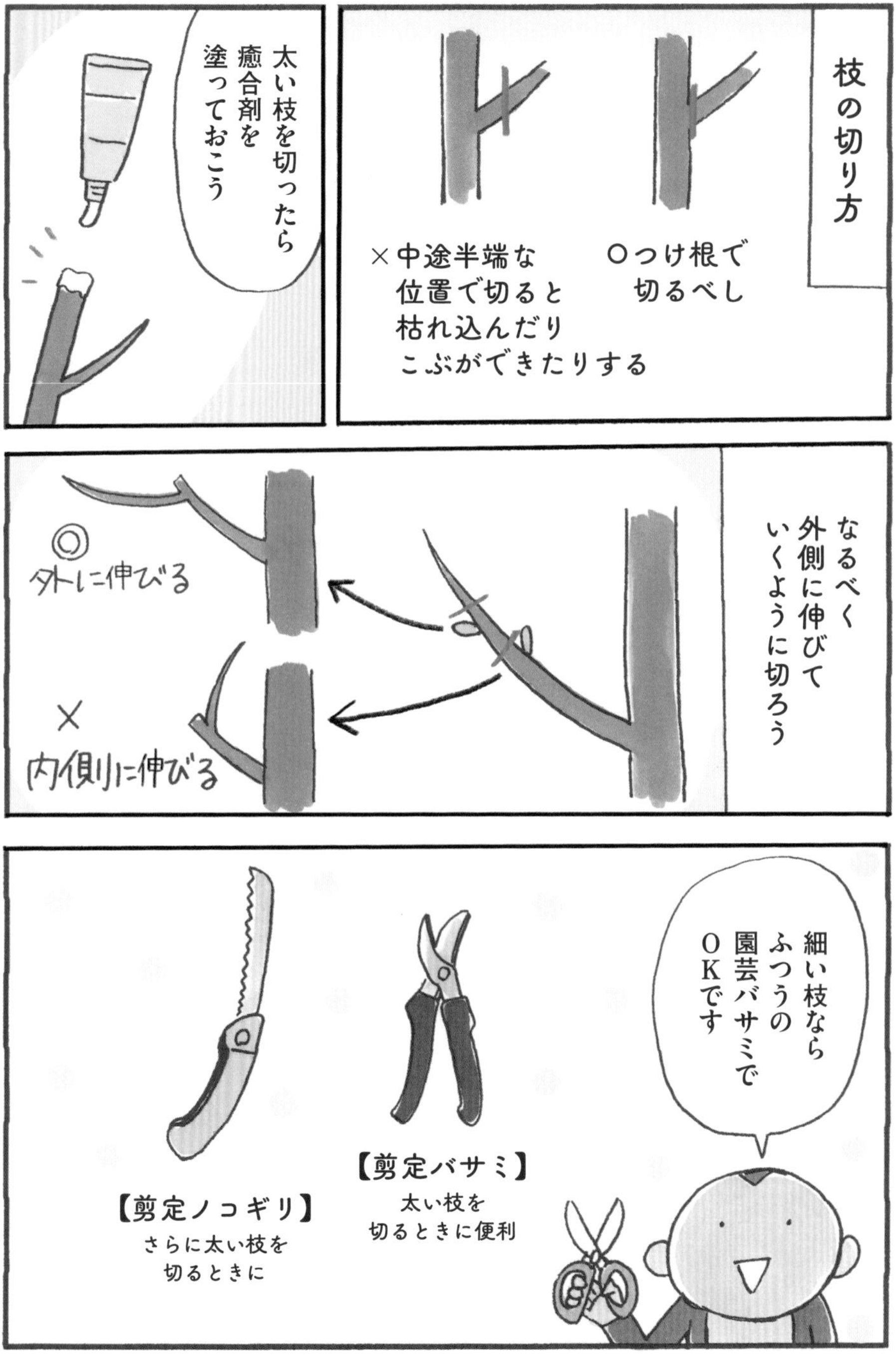
枝の切り方
○つけ根で切るべし
×中途半端な位置で切ると枯れ込んだりこぶができたりする
太い枝を切ったら癒合剤を塗っておこう
なるべく外側に伸びていくように切ろう
◎外に伸びる
×内側に伸びる
細い枝ならふつうの園芸バサミでOKです
【剪定バサミ】
太い枝を切るときに便利
【剪定ノコギリ】
さらに太い枝を切るときに

# 葉を楽しむ木

名前

# オリーブ

別名：橄欖（かんらん）

モクセイ科オリーブ属

常緑広葉樹／小高木～高木

花期：6月　果期：9～2月

日なたを好む

右／6月ごろ花が咲き、その後実ができてきます。左／オリーブの実は、はじめは緑色ですが熟してくると黒っぽくなります。収穫期は9～2月ごろ。

## 日当たりを好む銀葉の美しい木

シルバーグリーンの葉色がオシャレな常緑樹です。近年は冬が暖かいので栽培地が北上しています。マイナス5度くらいまでは外で育てられます。品種によって葉色や樹形、実の大きさなどが異なります。

　植え替え適期は3月ごろ。幼木は根があまり張っていないので崩さないようにそっと植えます。小さい間は生長が遅いので、あまり枝を伸ばさずに、ちょこちょこ剪定して主幹をしっかり育てましょう。ひとたび根を張るとぐっと生長スピードが速くなります。ある程度幹が太くなったら、樹形を想定しながら剪定をして形を作っていきます。

　日当たりと風通しのよい場所を好みます。地植えの場合、根が張ってからは基本的に水やりは不要です。高温、乾燥が続くときは水やりしてください。鉢植えの水やりは土が乾いたらたっぷりとあげます。冬は乾燥ぎみにします。

　植え替え時に元肥を施し、2月の寒肥に有機肥料、6月、10月の追肥に化成肥料が基本ですが、オリーブ専用の肥料もあるのでそちらもおすすめです。水はけのよい土に植えます。

オリーブは
1本だと実が
ならないのですが
なぜかウチの
オリーブ
実がなったよ
1本しか
ないのに
どうやら
下の階の花粉が
飛んできたみたい
ウチの近所のオリーブも
いっぱい実がなってるけど
花粉はどこから
飛んできたのかな?
運がいいと
1本でも結実
したりします

幼苗は根が張って
いないので
土を崩さず
植え替えてね
スリット鉢が
おすすめ
オリーブの樹形
開帳型
レッチーノ
小さめの実が
たくさんなる
ネバティ・ブロンコ
生長が早い
花粉が多いので
花粉樹向き
直立型
ミッション
まとまりのよい樹形
生長はゆっくり
シプレッシーノ
小さめの実
生長はゆっくり
狭いスペースでもOK

名前

# シマトネリコ（島梣）

別名：タイワンシオジ

モクセイ科トネリコ属

常緑広葉樹／高木

花期：6月　果期：8〜9月

日なたを好む

右／地植えにすると大きくなります。
左／雌木は8〜9月ごろに鈴なりに実をつけます。翼《よく》があって風で飛散します。

## 近年では東日本でも栽培できるように

一般に「トネリコ」と呼ばれているのはシマトネリコのことで、沖縄や東南アジア原産の常緑樹です。寒さにやや弱いのですが、冬が暖かくなって関東あたりではあまり落葉しなくなり、庭木として定着してきました。関東以南の暖地でしたら問題なく越冬します。

トネリコには雌雄があり、花が咲いて実がなるのが雌木です。花時期以外は識別が難しいです。種は発芽率が高く、あちこちに芽が出ますので増えすぎないように注意しましょう。

日当たり、風通しのよい場所で育てます。ある程度の耐陰性はありますが、明るいほうが生育はよいです。

植え替え、植えつけは4月ごろが適期です。肥料はそれほど必要としないので、植えつけ時に緩効性の元肥を施せばだいじょうぶです。

とても生長が早いので、地植えがおすすめです。鉢植えの場合は、植える場所をよく考えましょう。生育が旺盛なので剪定も必須です。春に高さを抑える切り戻し剪定またはボリュームを抑える透かし剪定を行います。秋ごろまた伸びすぎた枝を剪定して大きくなりすぎないように仕立てます。

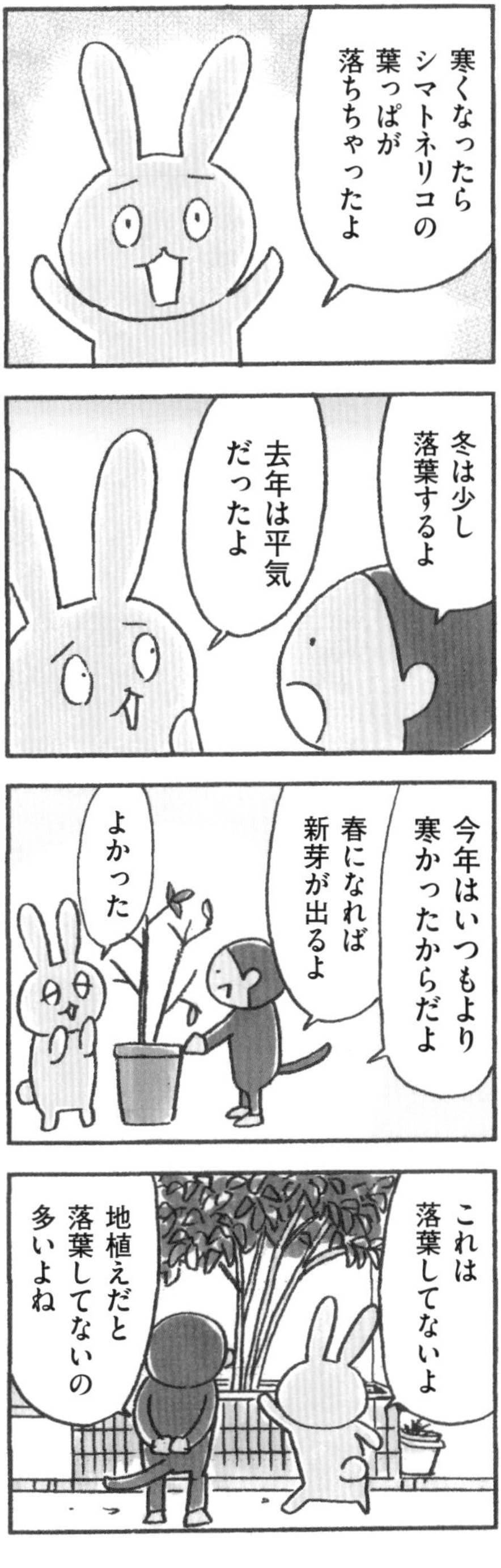
寒くなったら
シマトネリコの
葉っぱが
落ちちゃったよ
冬は少し
落葉するよ
去年は平気
だったよ
今年はいつもより
寒かったからだよ
春になれば
新芽が出るよ
よかった
これは
落葉してないよ
地植えだと
落葉してないの
多いよね

実ができてるのが雌木
シマトネリコには
雌雄があります
一本立ち
手入れが楽
安い
お好みで
選んでね
株立ち
トネリコっぽい
樹形を
楽しめる

名前

# ユーカリ（有加利）

フトモモ科ユーカリ属

常緑広葉樹／高木

花期：2～5月

日なたを好む

右／丸い葉がついた枝が対生で伸びる、特徴のある樹姿。左／グニユーカリの丸い葉。葉柄はほとんどありません。

## 生長が早いので鉢植えがおすすめ

オーストラリア原産の人気の常緑樹で、葉にさわやかな芳香があります。アロマオイルやハーブティーに利用されます。葉っぱがかわいいので切り花の花材としても人気です。コアラの食草としても有名ですね。たくさんの品種があります。

日当たりと水はけのよい場所で育てます。生長がとても早く、移植を嫌うので、地植えにする際は場所をよく考えてから植えましょう。鉢植えだと管理が楽です。

品種によって寒さに弱いものがあります。

植え替え適期は春。幹が細いものには支柱を立てます。植え替え時の元肥のほかはそれほど肥料を必要としません。水やりは土が乾いたらたっぷりと。乾燥ぎみが好きですが、水をよく吸うので夏場は水切れしないように注意しましょう。地植えは水やり不要です。

生長が早いので、年に一度は剪定して形を整えましょう。強剪定は1～3月ごろが適期です。伸びすぎた枝は春と秋に透かし剪定をしてバランスを整えるとよいでしょう。1～2年に一度は植え替えをしてください。病虫害の心配があまりないので育てやすいです。

ユーカリ
植えてる
3年後
だいぶ
大きく
なったね
5年後
もはや大木に
でーん
7年後
切られ
ちゃった
手に負えな
かったんだね
ユーカリは生長が早いので
地植えの場合は
植える場所に注意

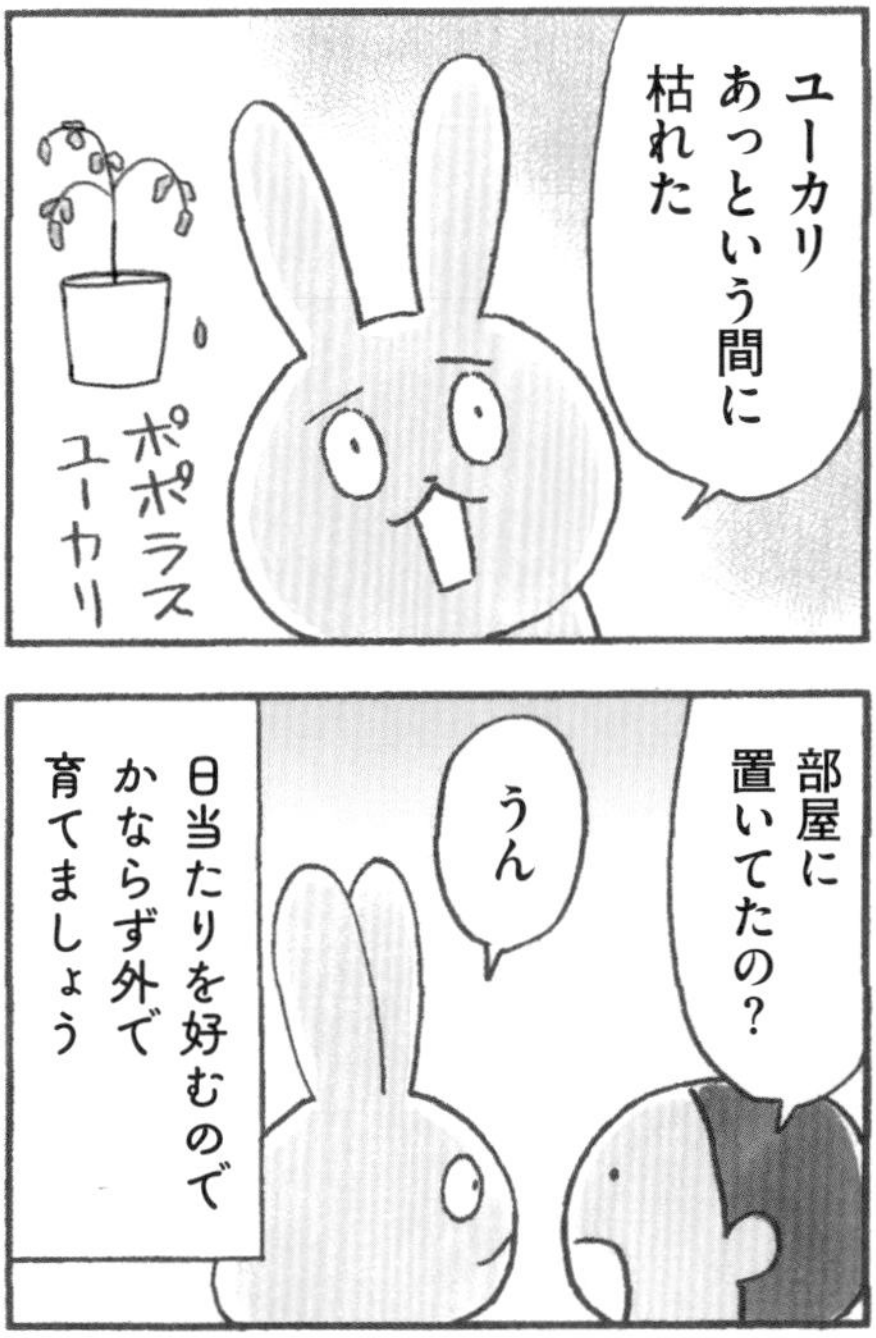
ユーカリ
あっという間に
枯れた
ポポラス
ユーカリ
部屋に
置いてたの?
うん
日当たりを好むので
かならず外で
育てましょう

## 品種いろいろ

グニユーカリ

丸い葉っぱ

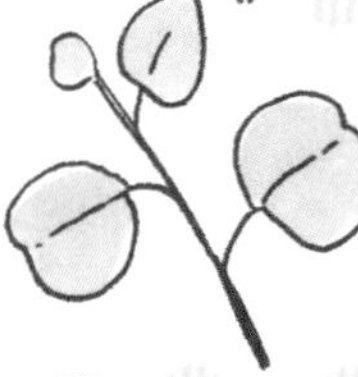

ポポラス
ユーカリ

ハート形が
かわいい
人気品種

レモンユーカリ

レモンの香り
やや寒さに弱い

名前

# コニファー

マツ科、スギ科、ヒノキ科など

常緑針葉樹／低木〜高木

花期：品種によって異なる

日なたを好む

右／定番のコニファー‘ゴールドクレスト・ウィルマ’。左上／ブルー系のハイネズ‘ブルーパシフィック’。左下／コニファーにはおもしろい形の実ができます。

## 匍匐性のものが大きくならず育てやすい

コニファーは常緑針葉樹の総称。多くの種類があります。形は円すい形、丸形、匍匐《ほふく》性に大別されます。

常緑なので、目隠しや生け垣などのほか、シンボルツリーやクリスマスツリーにも利用されます。ただし、地面に植えると巨大化する、根が浅いので強風で倒れやすい、夏に蒸れて枯れやすいなどの特徴もあるので、品種選びは慎重に行ってください。毎年の剪定も必須です。思ったよりも手間がかかるので、手入れがめんどうな人にはあまりおすすめしません。

そんなコニファーの中では匍匐性タイプがおすすめです。低木であまり大きくならないので、植えっぱなしでだいじょうぶ。グランドカバーに最適です。

風通しのよい所で育てます。日当たりが悪いと葉色が悪くなるので注意してください。寒さには強いですが日本の夏はやや苦手です。夏に水切れすると一気に枯れることがあるので、注意してください。

肥料はあまり必要としません。水は土が乾いたらたっぷりとあげてください。鉢植えは2〜3年に一度植え替えしましょう。

ゴールドクレストが伸びちゃったどうしたらいいの？
こういうコニファーの剪定って難しいんだよね
これはどうしたらいい？
こうなると再生しません→
葉っぱのない所で切っちゃダメ
ここで切ると枯れちゃう
プラン①
春に刈り込み剪定で外形を整える
切りすぎ注意
夏と冬はやっちゃだめ
プラン②
春に透かし剪定でボリュームダウン
葉のある枝の根元で切る
自然な仕上がり
おすすめのタイプ
背が高くならないので手入れが楽ですよ
グランドカバーにおすすめ
匍匐《ほふく》性
マザーローデなど
丸形
ラインゴールドなど
円すい形よりこっちのほうが育てやすいです

名前

# メラレウカ

別名：ティーツリー

花期：4〜5月

常緑広葉樹／低木〜高木

フトモモ科メラレウカ属

日なたを好む

右／葉にさわやかな香りのあるメラレウカ・アルテルニフォリア（メディカル・ティーツリー）。左／春には白いブラシ状の花が咲きます。

## 葉色はもちろん花も楽しめます

オーストラリア原産の常緑樹で、たくさんの品種があります。耐寒性はやや弱いといわれていますが、関東以南では戸外で冬越しできます。幼木は寒さに弱いので、軒下など冷たい風の当たらない場所で越冬させましょう。常緑樹は年間を通して変化のないものと思われがちですが、メラレウカは春の新芽や冬の紅葉など、四季を通して葉色の変化が楽しめます。

日当たり、水はけのよい場所で育てます。品種によっては大きくなるので地植えにする際は場所を慎重に決めてください。鉢植えでも問題なく育てられます。肥料はそれほど必要としないので、生長期に緩効性肥料を少し追肥する程度で十分です。

おもに葉色を楽しむ木ですが、4〜5月ごろに花が咲きます。剪定は花が終わってから行いましょう。萌芽力が強いので、刈り込みにも耐えられます。やや暴れる樹形なので、こまめに剪定して樹形をキープしましょう。植え替えは2〜3年に一度、5〜6月ごろが適期です。若木で枝が倒れる場合は支柱を立てるとよいでしょう。

常緑の鉢植えにコニファーを選んで失敗した方に新提案です
コニファーは枯れやすい
メラレウカ「レボリューションゴールド」
オーストラリア原産で和風にも洋風にもなじむ
冬はゴールドに紅葉します
コニファーっぽいけどフサフサして萌芽力が強いです
花も咲くよ
白いホワホワの花
メラレウカの仲間
花
アルテルニフォリア
(メディカル・ティーツリー)
アロマテラピーに使われます
いい香りの葉っぱだよー
レモンの香り
レッドジェム
新芽が赤い
スノーインサマー
6～7月に雪のようにフワフワの花が咲く

名前

# ドドナエア

別名：ポップブッシュ

ムクロジ科ハウチワノキ属

常緑広葉樹／低木

花期：3〜4月

日なたを好む

右／細長い葉が特徴的。夏は青々としています。左／花後にできるピンクのサヤが目を引きます。

## 季節ごとの葉色の変化が見どころ

近年人気急上昇中のオージープランツです。常緑樹でなおかつ紅葉するので、年間を通して葉色の変化が楽しめます。樹形も自然とまとまるので、育てやすく扱いやすいです。

マイナス5度くらいまで耐寒性があるので、関東以南の暖地なら問題なく育ちます。寒さが厳しいときは若干葉が落ちます。鉢植えなら軒下や寒風の当たらない場所で越冬させましょう。

雌雄異株で雌木には花後に小さなサヤができます。

日当たりと水はけのよい場所で、やや乾燥ぎみに育てます。鉢植えの場合は土が乾いたらたっぷりと水を与えてください。日当たりが悪いと葉色が悪くなるので、なるべく日当たりのよい場所で育てましょう。

植え替え適期は9〜11月です。1〜2年に一度植え替えましょう。肥料はあまり必要としません。

剪定には強いので、真夏と真冬以外はいつでも問題ありません。生長が早いので、大きくしたくない場合は鉢植えがおすすめです。幹の細い若木は支柱を立てましょう。小さい苗は寄せ植えのカラーリーフとしても使えます。

ドドナエアの葉っぱ
春は緑葉と銅葉が混在
夏は青々として
暑さに強い!!
冬に紅葉します
葉色がとってもきれいでおすすめ
自然にまとまる樹形でラクチン
雄花はあまり目立たない
雌花は花後かわいいピンクのサヤができる
いろんな大きさで売ってます
場所に合わせて選ぼう
大苗
シンボルツリーに
中苗
扱いやすい大きさ
ポット苗
寄せ植えに

名前

# カナメモチ（要黐）

別名：西洋ベニカナメ

バラ科カナメモチ属

常緑広葉樹／小高木

花期：5〜6月

日なたを好む

右／赤い新芽が色鮮やかな、レッドロビン。左／5〜6月ごろには小さな白い花が咲き、この後に実ができます。

## こまめな剪定で病虫害を防ぎます

赤い新芽が美しいレッドロビンは、カナメモチと大カナメモチの交配種です。生け垣の定番「カナメモチ」より葉が大きく色が鮮やかなので、近年はレッドロビンが主流となっています。生け垣に人気ですが、鉢植えでも育てることができます。最近では、鉢植え向けの矮性《わいせい》種もあります。

日当たりが悪いと葉色が悪くなるので、なるべく日当たりのよい場所で育てます。植え替えは春が適期です。植え替え時に元肥を施し、春から秋の生長期に緩効性肥料を追肥しましょう。肥料切れすると葉色が悪くなるので、様子をみながら加減してください。1〜2月には寒肥を施します。

生長が早いので、少なくとも年に2回は剪定が必要です。枝が込み合って風通しが悪くなると、病虫害が発生しやすくなります。予防のためにも、こまめな剪定を心がけましょう。剪定の適期は真夏と真冬を避けた春と秋、3〜4月と9〜10月ごろです。春は刈り込み剪定で形を整えます。

春先にアブラムシや毛虫がつくことがあります。見つけたら薬剤で防除しましょう。

この赤いの きれいだね
※レッドロビン だよー
※レッドロビン……カナメモチの園芸品種
レッドロビンは 新芽が赤くて とってもきれい
生け垣に人気
新芽は赤いけど だんだん緑に なるんだよ
へー
でもこの生け垣 いつも赤いような
まめに 剪定 してるんだよ
年に 2、3回 とか
レッドロビンは 春に花が咲きます
実は秋に 赤く熟します
見たこと なーい
剪定するとき 切っちゃう からねー
探してると 見つかるよ
鉢植え向きの 矮性種も あるよ

名前

# モミジ（紅葉）

ムクロジ科カエデ属

落葉広葉樹／高木

花期：4～5月

日なたを好む

右／鮮やかに紅葉したイロハモミジ。左上／夏のノムラモミジ。左下／モミジの赤い実。プロペラ形で風で飛びます。

## 葉の色や形が多彩で紅葉の美しさは随一

モミジは紅葉するカエデ類の総称です。秋の紅葉のイメージが強いですが、春の新芽も美しく、夏は風に揺れる葉っぱが涼しげで年間を通して葉色を楽しめるお得な木です。春に小さな花が咲き、その後できるプロペラ形の実もかわいいです。葉の形や色が違うたくさんの品種があります。庭木、街路樹、公園樹、神社仏閣などあちこちに植えられています。

やや湿り気を好むので、夏の西日が当たらない所で育てましょう。日差しが強すぎると葉焼けしたり色が悪くなったりします。

鉢植えの場合、市販の培養土でも問題ないですが、保水性の高い土を好むので、腐葉土や赤玉土などを少し入れるとよいでしょう。水やりは土が乾いたらたっぷりと。真夏の乾燥には要注意です。朝晩様子をみて、乾きすぎないようにします。

剪定は落葉期の11～1月が適期です。13ページの剪定の基本を参考に、込み合った枝を切って樹形を整えます。真夏の剪定は樹木が弱るので、避けましょう。

発芽率が高いのでこぼれ種から足元に子どもモミジが生えていることも。

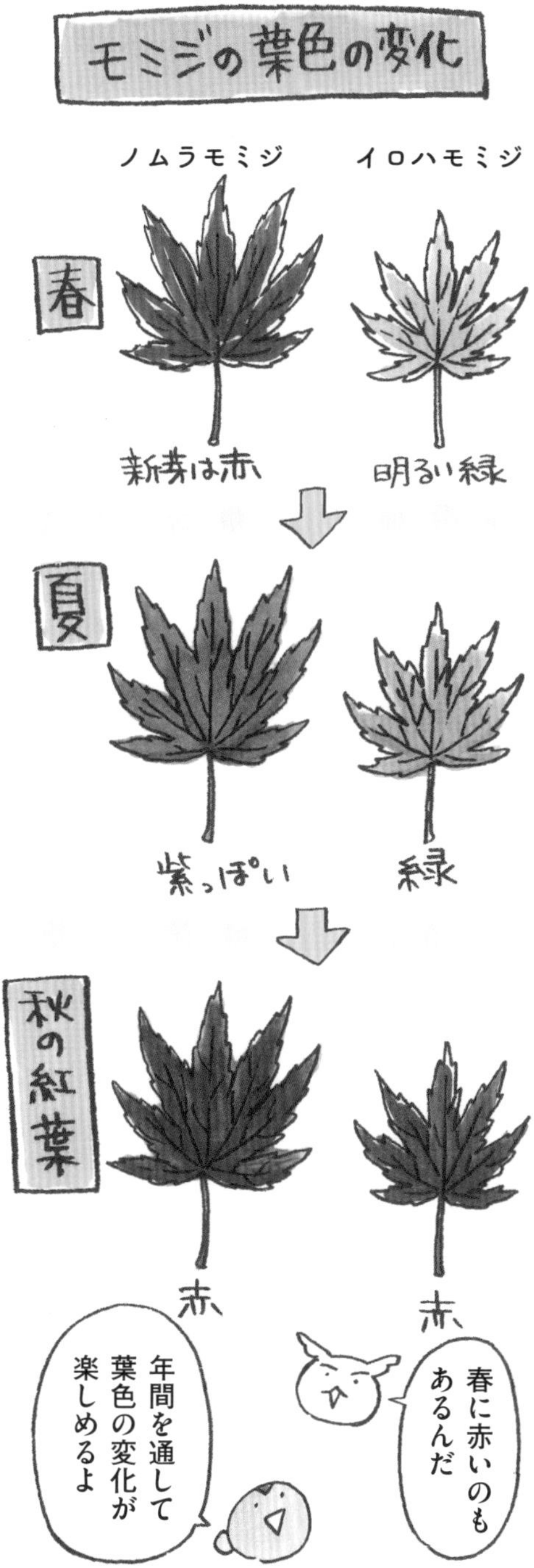
モミジの葉色の変化
ノムラモミジ
イロハモミジ
春
新芽は赤
明るい緑
夏
紫っぽい
緑
秋の紅葉
赤
赤
春に赤いのもあるんだ
年間を通して葉色の変化が楽しめるよ

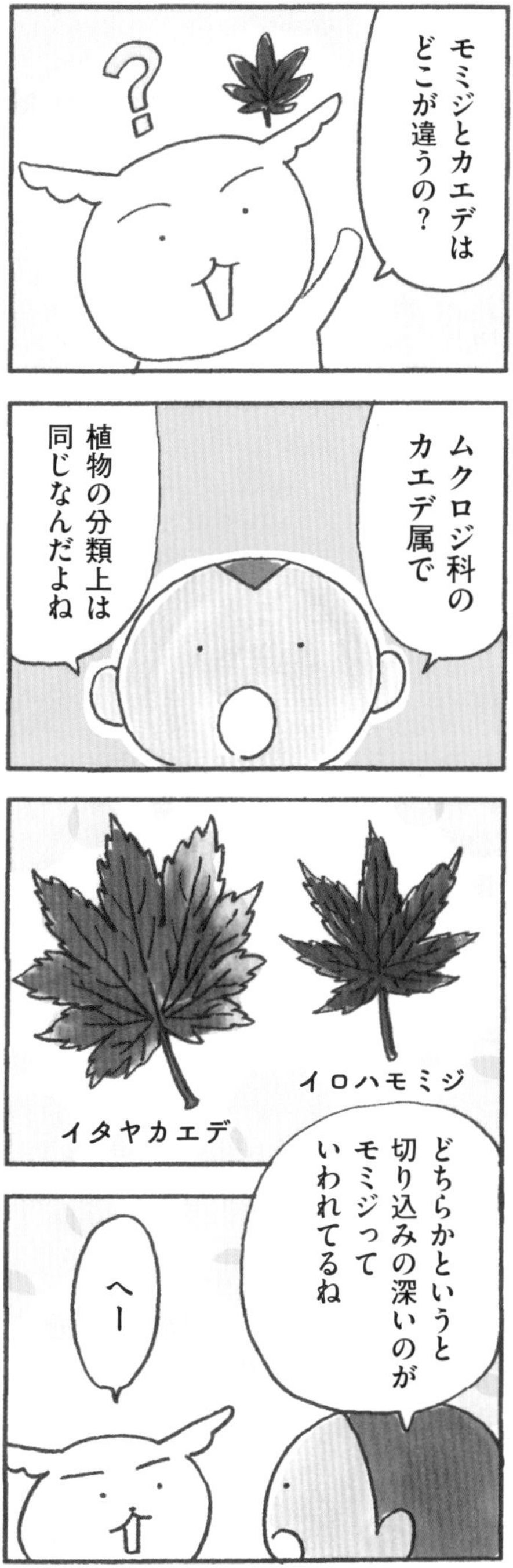
モミジとカエデはどこが違うの？
ムクロジ科のカエデ属で
植物の分類上は同じなんだよね
イロハモミジ
イタヤカエデ
どちらかというと切り込みの深いのがモミジっていわれてるね
へー

名前

# ヒイラギ（柊）

モクセイ科モクセイ属

常緑広葉樹／小高木

花期：11～12月　果期：6月

半日陰もOK

右／トゲがあるヒイラギの葉っぱ。左上／11～12月ごろには、白く香りのよい小花が咲きます。左下／ヒイラギより丸みのあるヒイラギモクセイの葉。

## トゲのある葉と香りのよい花が特徴

　ヒイラギといえば昔はよく厄除けとして玄関や鬼門に植えられていました。節分の飾りとしてもおなじみです。若木の葉にはトゲがありますが、老木になるとトゲがない丸い葉っぱが増えてきます。冬に香りのいい花が咲き、初夏には実が黒く熟します。じょうぶで育てやすい常緑樹です。

　福島以南の本州、九州に自生する木です。やや寒さに弱いので、北風の当たらない場所で育てましょう。日当たりを好みますが、半日陰でも栽培可能です。

　春と秋に緩効性肥料で追肥します。植え替え適期は3～5月。鉢が根詰まりしてきたらひと回り大きい鉢に植え替えましょう。

　生長がゆっくりめで放任してもまとまる樹形です。葉が込み合って風通しが悪いと虫がつきやすくなるので、適宜整理します。剪定適期は春と秋。萌芽力があるので強剪定に耐えられます。刈り込み剪定をするなら春に行いましょう。秋の剪定は伸びすぎた枝を整える程度に。トゲがあるので作業するときは軍手を。

　モクセイ科の似た仲間にヒメヒイラギやヒイラギモクセイがあります。

いい香りがする
なんだろう?
ヒイラギの花の香りだったんだ
あれ トゲトゲのない葉っぱがある
年とると丸くなるんだよ
ホントー?
あれ ヒイラギの葉っぱ誰かが食べてる
テントウムシ?
テントウムシじゃなくてヘリグロテントウノミハムシだよ
幼虫
成虫
そいつが犯人です
ムキーッ
テントウムシのふりしやがって
ヒイラギに似てる木
ヒメヒイラギ
葉が小さい
ヒイラギモクセイ
ヒイラギとギンモクセイの交雑種
葉がやや丸い

名前

# マツ（松）

マツ科マツ属

常緑針葉樹／高木

花期：4〜5月

日なたを好む

右／立派なクロマツ。左／春に伸びてくる新芽。その根元にあるのが松の雄花。雄花が花粉を飛ばします。

## 日当たりがよく乾燥した場所で

マツは潮風や暑さに強いので、海岸の防風林としてよく植えられています。雌雄同株で雄花と雌花が咲きます。新芽の先に雌花が咲き、1年半かけて松ぼっくりになります。雄花は新芽の根元のあたりに咲き、花粉を飛ばします。種の発芽率は高いです。品種が豊富ですが、もっとも一般的なものがクロマツです。

幼木のころは剪定の必要はありませんが、ある程度生長してきたら春の新芽摘みと秋のもみあげ剪定を基本に、枝のバランスを見つつ剪定します。鉢植えだとあまり大きくならないので、手入れも楽です。

植え替えは春が適期です。水はけのよい土を好むのでマツ専用の培養土がおすすめ。自分でブレンドする場合は赤玉土、鹿沼土、川砂、腐葉土を混ぜて作ります。

日当たりと風通しがよい場所で育てましょう。水やりは土が乾いたらたっぷりと与えます。乾燥ぎみを好みます。肥料はそれほど必要としないので春先に緩効性肥料を少量追肥する程度で十分です。

マツクイムシ、マツ毛虫などが発生したら殺虫剤などで防除しましょう。

松ぼっくりの中には種が入ってます
翼《よく》
種
試しにまいてみた
おお！　芽が出た
マツの芽ってかわいいね
1年でけっこう伸びるよ
マツの剪定
春の新芽摘み
新芽を手で摘む
秋のもみあげ剪定
古い葉を取り除く
おもなマツの品種
クロマツ
いわゆるふつうのマツ
アカマツ
幹が赤茶色
葉先がやわらかい
ダイオウショウ
葉が長い

名前

# オタフクナンテン

別名：オカメナンテン

花期：なし

常緑広葉樹／低木

メギ科ナンテン属

半日陰もOK

右／新芽が赤いオタフクナンテン。
左／12～2月ごろに真っ赤に紅葉します。葉色の変化が楽しい樹です。

## 植え替え、剪定、肥料ほぼ必要なし！

オタフクナンテンはナンテンの園芸品種です。ふつうのナンテンより樹高が低く、葉の幅が広く丸い形をしています。寒くなると赤く鮮やかに紅葉します。

植え替え適期は春ごろです。生長がゆっくりなので、頻繁に植え替える必要はありません。剪定もほとんど必要ありません。込み合ってきたら枝を透かす程度で十分です。大変じょうぶなので、日なたはもちろん半日陰でも育てられます。日当たりがいいと、秋の紅葉が鮮やかですが、暗すぎると色がきれいに出ないことがあります。肥料もほとんど必要としませんし、病虫害の心配もほぼありません。

ふつうのナンテンのように花が咲いたり実がなったりはしないのですが、簡単に育てられるので、近年ジワジワと人気が出てきて植え込みや植栽に多く使われるようになりました。カラーリーフとして寄せ植えにも重宝します。

ナンテンは「難を転じる」といわれ、縁起のいい木とされています。園芸品種も多く、オタフクナンテンのほかに葉の細いキンシナンテンや、小型のヒメナンテンなどがあります。

みなさんにぜひ
おすすめしたいのは
大きくならない、
常緑、手間いらず、
病虫害ほぼなしの
鉢植え
寄せ植えにも
おすすめ
こちら
オタフク
ナンテン
近所にも
植わってたよ
手入れが
楽なんだよ
新芽が赤
夏の間は緑っぽく
なり
寒くなってくると
赤く紅葉します
きれい
ふつうのナンテン
花や実は
ほぼつかないけど
とにかく楽だよ

名前

# セイヨウイワナンテン

別名：アメリカイワナンテン

ツツジ科イワナンテン属

常緑広葉樹／低木

花期：4〜5月

半日陰を好む

右／春にはアセビに似た釣り鐘状の花が咲きます。左／新芽は赤みを帯びています。

## 葉色はもちろん花も楽しめます

一般的に多く出回っているのは、アメリカ原産の園芸種のセイヨウイワナンテン'レインボー'です。常緑で葉色が美しく、グランドカバーに向いています。じょうぶで育てやすく、ローメンテナンスなのでおすすめです。最近は公園樹やマンションの植栽などによく使われています。

やや湿り気のある土質を好むので、どちらかというと半日陰向きの植物です。夏の西日は避けて涼しい場所で育てましょう。植え替え適期は3〜4月ごろです。

それほど肥料を必要としないので、たまに緩効性の肥料で追肥する程度で十分です。水は土が乾いたらたっぷりと与えてください。

放置しておいてもあまり大きくならないので、剪定はそれほど必要ありません。3月くらいに伸びすぎた枝を整理するくらいでよいでしょう。

葉色を楽しむ木ですが、4〜5月ごろアセビに似た花が咲きます。花後は実ができるので、花元から切っておきます。病虫害の心配はほとんどありません。

春の赤い新芽、夏の緑、秋の紅葉と年間を通して葉色が楽しめます。

常緑で楽なのない？
半日陰も平気なやつ
あるよ
セイヨウイワナンテン
常緑で美しい葉色
代表品種の‘レインボー’は葉色がきれい
半日陰OK
春に咲くアセビみたいな花もかわいいよ
最近マンションの植栽とかにジワジワ増加中
ほらほら
じゃあ育ててみよう
本当におすすめだよ
10年以上植え替えてないけど毎年咲いててエライです
とにかく楽

名前

# マホニアコンフューサ

メギ科マホニア属

常緑広葉樹／低木

花期：10～12月

半日陰もOK

右／細い葉っぱと黄色い花のコントラストが美しい。左／花が少ない時期に咲くので目を引きます。

## 都会的な雰囲気で和風にも洋風にも合う

最近人気上昇中の常緑低木。ヒイラギナンテンや細葉ヒイラギナンテンに似ていますが、トゲがなくてほっそりとした都会的な印象です。和洋どちらの雰囲気にも合うので、マンションや商業施設の植栽によく使われるようになりました。

日なたから半日陰まで、どこでも育てられます。植え替え適期は3月ごろです。植え替え時に腐葉土を混ぜ、2～3月ごろ寒肥として緩効性肥料を少し追肥する程度でよいでしょう。肥料はそれほど必要としません。

剪定は3月ごろが適期です。背が高くなりすぎたら頭を止めます。株立ち状で込み合ってきたら、根元から間引くとよいでしょう。冬は幹のなにもない所で切ると葉芽が出ないことがあるので、切るなら3～7月ごろに。心配ならなるべく葉を残して切りましょう。やや湿り気を好むので、夏場の乾燥には気をつけてください。

水切れすると葉が黄変することがあります。花は10～12月ごろ咲きます。花後の実は食用ではありませんが、鳥が食べに来るかもしれないので残しておいてもよいでしょう。

最近これ
よく見るね
なに？
マホニアコンフューサ
だよ
生長がゆっくりだから
ボーボーに
なりにくいんだね
それは
いいね
ヒイラギナンテンに
似てるけど葉が細くて
トゲがないんだね
マホニアコンフューサ
ヒイラギナンテン
手入れが楽だから
人気なのかも
楽なのって
いいよね!!
冬に花が咲く
実は春ごろ熟す
半日陰もOK
剪定
頭を止めるときは
葉を残して切る
葉がない所で切ると
芽が出ないことが
あるので注意
間引くときは
根元から切る

# 鉢の選び方

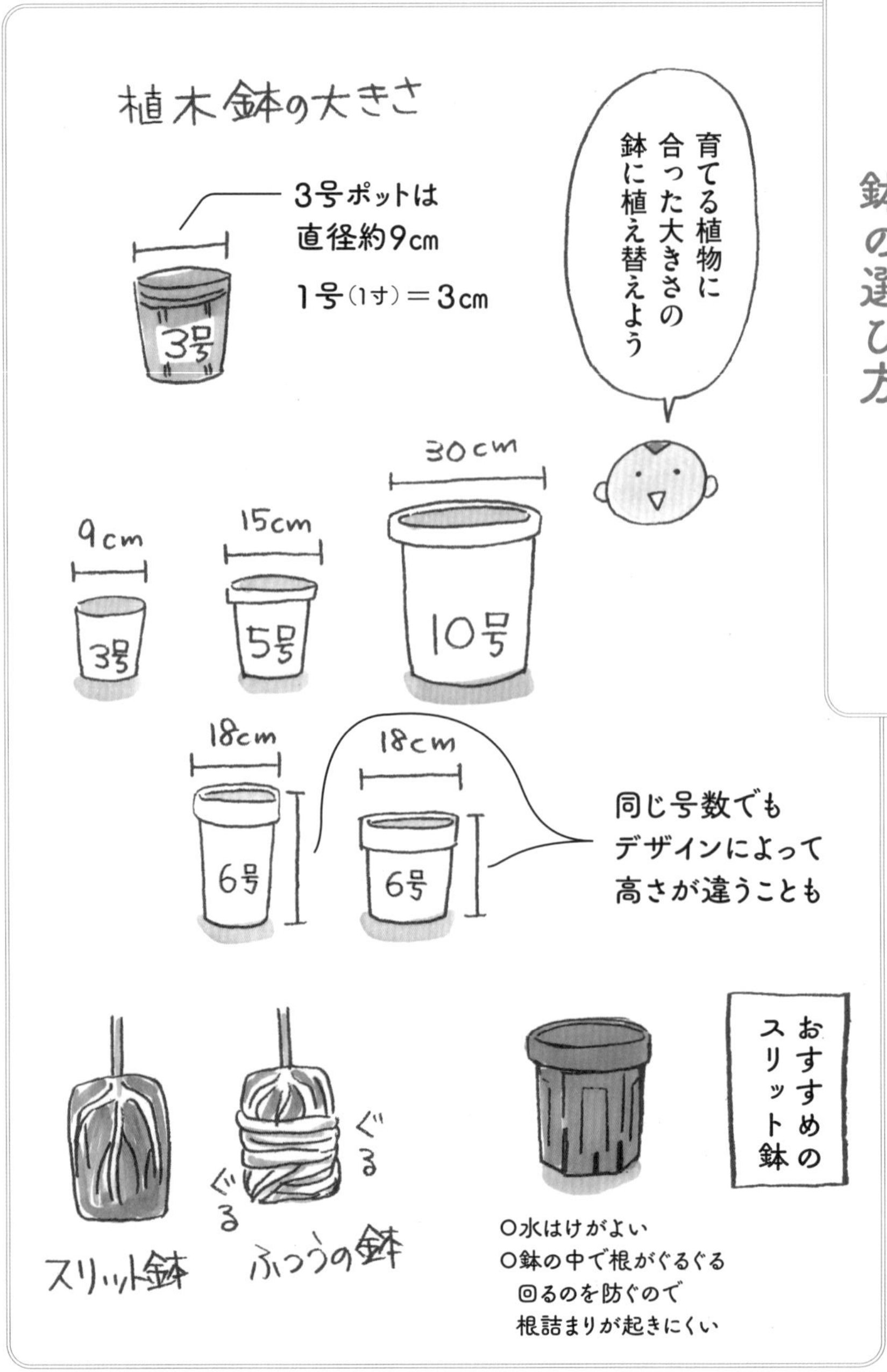
植木鉢の大きさ
3号ポットは
直径約9cm
1号（1寸）＝3cm
3号
育てる植物に
合った大きさの
鉢に植え替えよう
30cm
9cm
15cm
3号
5号
10号
18cm
18cm
6号
6号
同じ号数でも
デザインによって
高さが違うことも
おすすめの
スリット鉢
ぐる
ぐる
スリット鉢
ふつうの鉢
○水はけがよい
○鉢の中で根がぐるぐる
回るのを防ぐので
根詰まりが起きにくい

# 花を楽しむ木

名前

# ロウバイ（蠟梅）

ロウバイ科ロウバイ属

落葉広葉樹／低木

花期：1～2月

日なたを好む

右／香りがよく早春に人目を引きます。
左／ろう細工のような質感のロウバイの花。

## ろうのような質感の黄色い花が香ります

早春の香りといえばロウバイ。花の少ない時期にいい香りが耳目を集めます。

流通しているものの多くは園芸種のソシンロウバイです。早春に園芸店の店頭に並びます。切り花も生け花の花材等に人気です。

鉢植えでも育てられます。若木は樹形がやや乱れやすいので、毎年こまめに剪定しましょう。剪定の適期は花後すぐと11月ごろです。新しく伸びた枝に花芽がつきます。長く伸びた枝には花芽がつきにくいので、少し切り詰めましょう。花芽は6月ごろにできるので、11月の剪定は控えめに。接ぎ木の場合、台木からひこばえが出やすいので見つけたら切りましょう。日当たりのよい場所で育てます。

植え替え適期は花後の3～4月、または開花前の11～12月ごろです。鉢植えは2～3年ごとに植え替えをしましょう。2月と9月に緩効性肥料で追肥します。病虫害の心配はさほどありません。寒さに強くじょうぶな木です。

花後にできる実は長い間木に残ります。残念ながら食用ではありません。種の発芽率はよいので、まいてみてもいいかもしれません。

ロウバイほっといたら暴れちゃった
剪定しないとね
あと ひこばえがいっぱい出るから見つけたら切ってね
は～い
ロウバイは3月と11月に剪定しよう
えー 年2回も～
徒長枝を切る
徒長枝はほとんど花芽がつかない
内側に伸びるからみ枝も切る
ほっとくと樹形が乱れるよ～
ロウバイの樹形
株立ち
自然樹形は株立ちになる
幹立ち
鉢植えではコンパクトな一本立ち仕立てが一般的です

名前

# ウメ（梅）

別名：好文木（こうぶんぼく）

バラ科サクラ属

落葉広葉樹／高木

花期：1〜2月

日なたを好む

右／きちんと剪定されて整った樹形のウメ。左上／紅と白、絞りなど1本で咲き分ける‘思いのまま’。左下／実ウメの代表的な品種‘白加賀’。

## 育てやすく品種も豊富

ウメは、花を楽しむ花ウメと実がなる実ウメに大別されます。実ウメは白花品種が多いですが、美しさは花ウメと変わりません。花ウメは一重咲き、八重咲き、色も白、ピンク、赤と品種が豊富です。日当たり、風通しのよい場所で育てましょう。地植えでも、鉢植えでも育てやすい樹木です。

植え替えは落葉期の12〜2月です。植え替え時に腐葉土や有機肥料を施し、花後と11月ごろに化成肥料で追肥します。やりすぎると徒長したり、虫がつきやすくなるので様子をみて加減してください。水やりは土が乾いたらたっぷりと。水を好むので、夏場の水切れには注意しましょう。

剪定は花後と落葉期に行います。実ウメの剪定は実の収穫後が適期です。ウメは新しく伸びた枝に花芽がつくので、花後は葉芽を2〜3節残して剪定し、新しい枝を育てましょう。剪定に強いので短くしてもだいじょうぶ。太い枝を切ったときは、融合剤を塗布しましょう。夏場に伸びすぎた枝を少し切っておくと、病虫害の予防になります。ただし、夏に花芽を作るので切りすぎないように。

ウメの剪定
内側に伸びる枝を切る
徒長枝は根元から切る
2～3芽残して切る

花ウメの鉢植えは花がら摘みをしよう

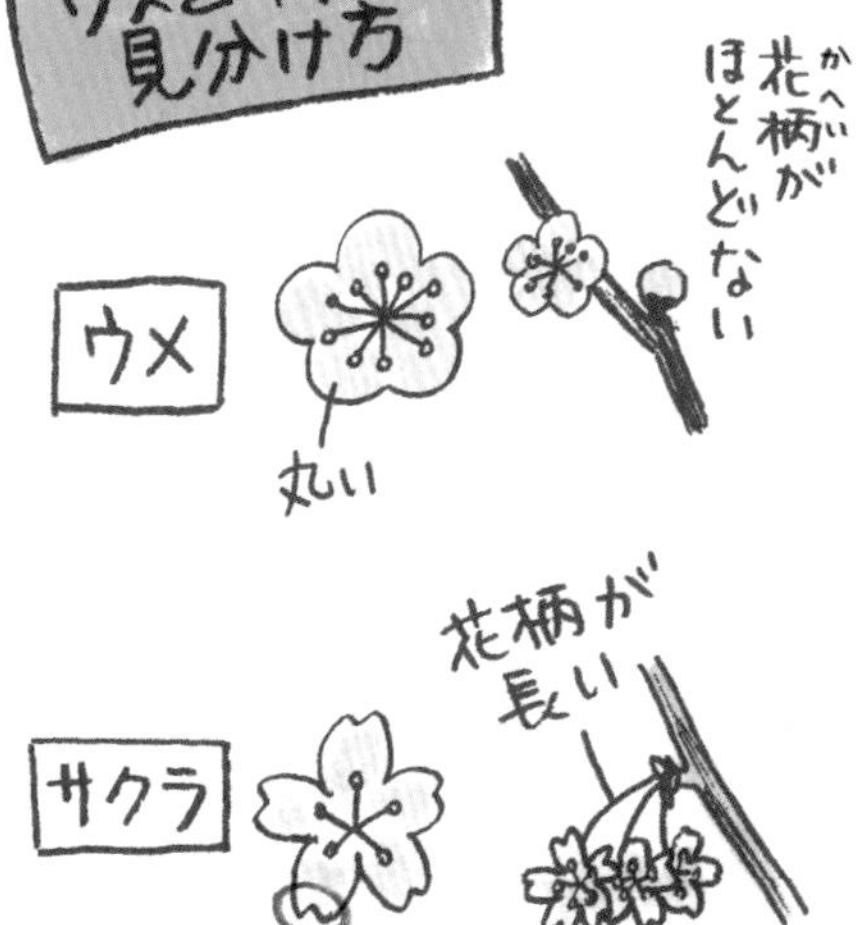
ウメとサクラの見分け方
ウメ
花柄《かへい》がほとんどない
丸い
サクラ
花柄が長い
くぼむ

ウメの葉っぱが丸まるのはなんで？
あれ アブラムシのせいなんだよね
縮葉病
ウメって虫がつきやすいよね～
うん
アブラムシ 縮葉病の原因に
カイガラムシ すす病の原因に
見つけたら手で取るか殺虫剤使ってね
カイガラムシは歯ブラシでも取れるよ
使う？
うわー いっぱい いる

名前

# ミモザ

別名：ギンヨウアカシア

マメ科アカシア属

常緑広葉樹／低木～高木（品種によって異なる）

花期：2～4月（品種によって異なる）

日なたを好む

右／花時期のギンヨウアカシアはとても華やか。左／丸くフワフワしてかわいらしいミモザの花。

## 生育旺盛なので定期的に植え替えを

春に咲く黄色い花が人気のミモザ。花だけでなくシルバーの葉色も魅力的です。日本でミモザの名前で流通しているのは「ギンヨウアカシア」です。ヨーロッパでミモザと呼ばれているフサアカシアとは違う品種です。どちらもオーストラリア原産の人気花木です。

やや寒さに弱いですが、関東以南でしたら問題なく育てられます。幼木のころは弱いので、冬は冷たい風の当たらない日当たりのよい場所で育ててください。

植え替え適期は花が咲き終わった4月ごろです。生育旺盛なので1～2年に一度は植え替えるようにしましょう。植え替え時に有機肥料の元肥を施し、生長期に置き肥で追肥します。

剪定適期は花後の4～6月ごろです。新しく伸びた枝に来年の花芽を作るので遅くとも6月までにはすませておきましょう。生長が早いので、放っておくとあっという間に大木になってしまいます。また太い枝を強剪定すると枯れることがあるので、なるべく毎年剪定してコンパクトな樹形をキープしましょう。やや乾燥を好むので、水やりは土の表面が乾いてからに。

ミモザを庭に植えたら
あっという間に巨大化して
すごいジャマ
手に負えなくて切っちゃったよ
ミモザあるあるだね…
ミモザ台風で倒れたよー
これもよくあるね

ギンヨウアカシア
日本でミモザと呼ばれているのはこれ
フサアカシア
ヨーロッパでミモザというとこれ
三角の葉
三角アカシア
シルバーブルーで最近人気
ブルーブッシュ
剪定
かならず葉のある所で切る
葉のない所で切ると枯れやすい

名前

# モモ（桃）

バラ科スモモ属
落葉広葉樹／小高木～高木
花期：3～4月

日なたを好む

右／1本の木に紅、白、紅白が交ざる絞りの花が咲く源平咲き（咲き分け）の花モモ。左上／八重咲きの‘照手姫’。左下／花弁が細長いキクモモ。

## 華やかな花が魅力。縮葉病に注意して

モモには花を楽しむ花モモと実がなる実モモがあります。サクラと同じ、3月中旬から4月ごろに花が咲きます。赤やピンク、八重咲きなど、たくさんの品種があります。モモの花はぽってりと丸みがあってかわいらしく、人目を引きます。

日当たり、水はけのよい場所で育てます。日当たりが悪いと花つきが悪くなるので注意してください。植え替え適期は、厳寒期を避けた11～3月です。植え替え時に腐葉土や有機肥料を入れて、生長期に様子をみながら置き肥で追肥します。肥料が多いとアブラムシなどがつきやすくなるので、様子をみて加減してください。

去年伸びた枝に今年の花が咲きます。翌年も花を楽しむためには剪定が必要です。花芽は夏にできるので、剪定は花後なるべく早く、4月中に。11～12月ごろの落葉期も剪定の適期です。伸びすぎた枝を整理しますが、冬はもう花芽ができているので、切りすぎないように注意します。

葉が丸まる縮葉病はアブラムシの仕業です。見つけたら枝を切り取って、アブラムシは駆除しましょう。

わーきれい
これなに？
サクラ？
花モモ
だよ

サクラとまた
違った
美しさだよね
花が
大きくてハデ

これも
きれい
おもしろい
花
キクモモだよ
それも
花モモ

なにあれ
1本の木に
白とピンクの
花が咲いてる
あれも花モモ
源平枝垂れ
だねー

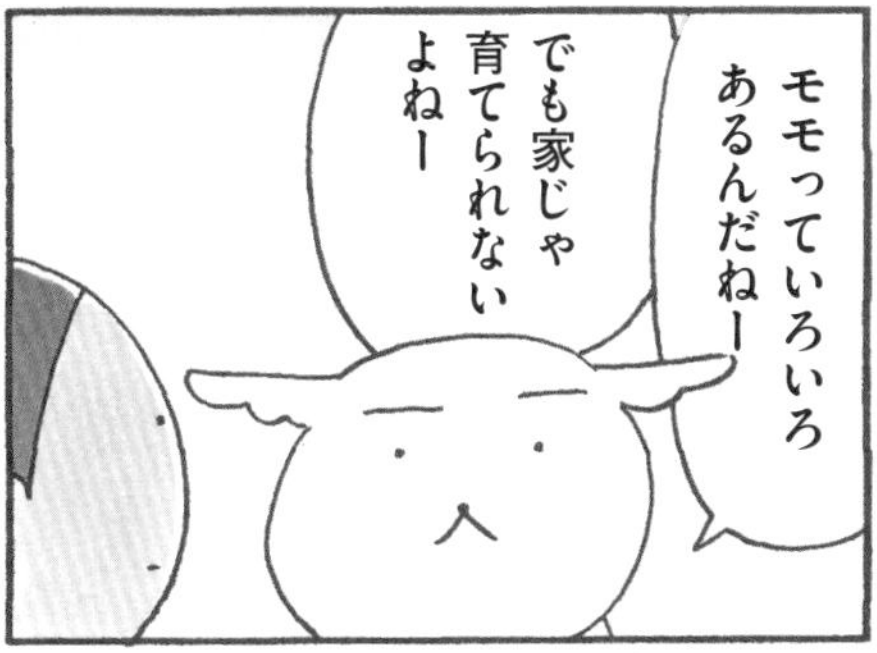
モモっていろいろ
あるんだねー
でも家じゃ
育てられない
よねー

照手姫は
ほうき性で
鉢植えでも
いけるよ
買わせ
ようと
してない？

品種によって
樹形いろいろ
照手姫
ほうき性
狭い場所でも
育てやすい
キクモモ
立ち性
ふつうのタイプ
源平枝垂れ
しだれ性
大きくなると
見応えアリ

名前

# サクラ（桜）

**バラ科サクラ属**

**落葉広葉樹／低木〜高木**

花期／果期：**品種によって異なる**

日なたを好む

右／早咲きのカワヅザクラ。濃いピンク色。左上／小ぶりのマメザクラの花。左下／濃いピンク色のオカメザクラの花。

## 病虫害に弱いので こまめなチェックを

サクラにはたくさんの品種があります。花期は春だけでなく、秋に咲くジュウガツザクラや冬に咲くカンヒザクラなど品種によってさまざまです。

鉢植えの場合、植え替えは2〜3年に一度行いましょう。落葉期の12〜3月が適期です。剪定は12〜2月。「サクラ切るバカ」といわれますが、枝が込み合うと風通しや日当たりが悪くなり、病虫害の原因となるので、不要な枝は剪定したほうがよいでしょう。また太い枝を切ると株が弱るので、伸びて太くなる前に剪定するのが大事です。

サクラは病虫害に弱いので、太い枝を切ったときは癒合剤を塗りましょう。清潔なハサミで切るのもポイント。サクラに多い病虫害はテングス病、アブラムシ、カイガラムシ、コスカシバ、毛虫類など。発見したら枝ごと切ったり、薬剤散布で対処しましょう。

夏の西日は避けて、なるべく明るく風通しのよい所で育てます。日当たりが悪いと花つきが悪くなります。水は土が乾いたらたっぷりと与えてください。2月、5月、9月に化成肥料で追肥しましょう。

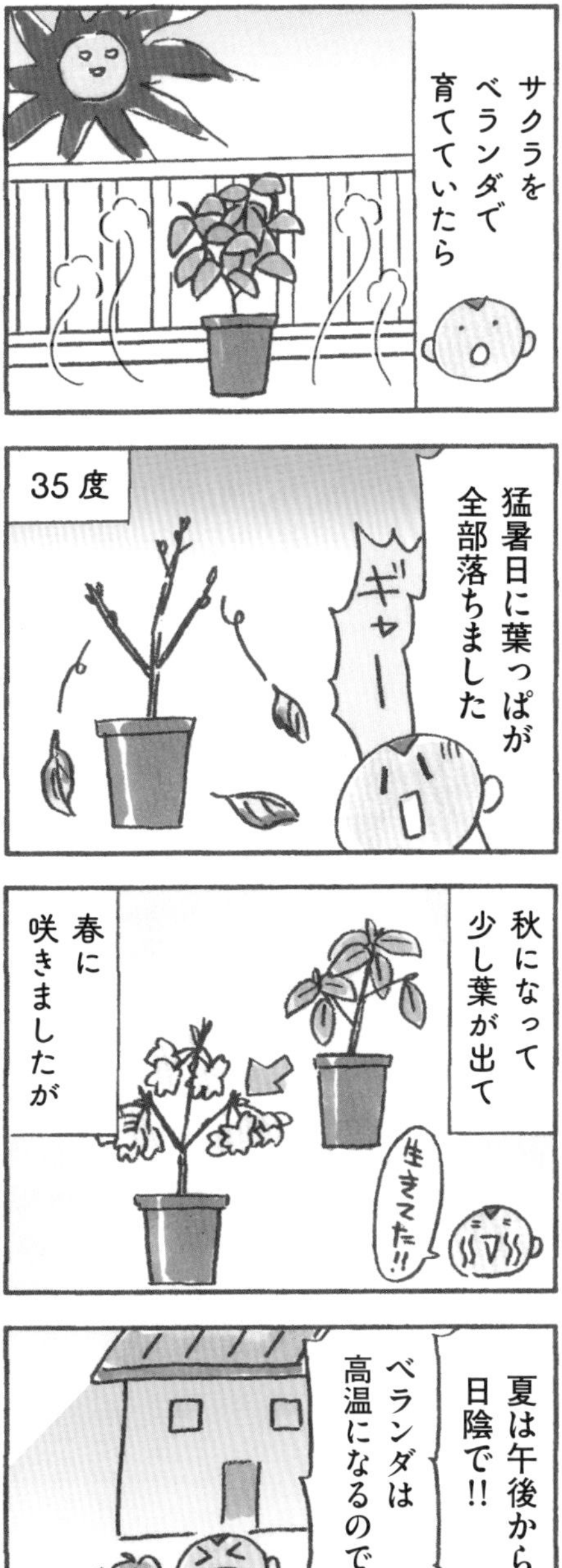
サクラを
ベランダで
育てていたら
35度
猛暑日に葉っぱが
全部落ちました
ギャー
秋になって
少し葉が出て
春に
咲きましたが
生きてた!!
夏は午後から
日陰で!!
ベランダは
高温になるので注意

花後は
ミミで切る
剪定は
12～2月ごろ
太い切り口には
癒合剤を
塗ろう
鉢植え向きの品種
カンヒザクラ系や
マメザクラ系は
あまり大きく
ならないので
おすすめです
オカメザクラ
早咲き
濃いピンク
花は小さめ
カワヅザクラ
早咲きの人気品種
濃いピンク
開花期間が長い
マメザクラ
薄いピンク
花も樹高も
小さめ

名前

# ハナミズキ（花水木）

別名：アメリカヤマボウシ

ミズキ科ミズキ属

落葉広葉樹／小高木〜高木

花期：4〜5月　果期：9〜10月

日なたを好む

右／ソメイヨシノが終わったころに咲き始めるのがハナミズキ。左上／ピンク色の花。左下／秋に色づく実は、鳥の好物ですが、人間は食べられません。

## 日当たりは好む一方 高温多湿は苦手

ハナミズキは大正時代にアメリカから渡来し、すっかり定着しました。生長がゆっくりなので扱いやすく、鉢植えでも育てられます。

日当たり、水はけのよい場所を好みます。日当たりが悪いと花つきが悪くなることがあります。とはいっても夏の西日には弱いので、地植えの場合は建物の東側に植えるのがおすすめです。高温多湿な環境下ではうどん粉病になりやすいので、梅雨時や夏はなるべく涼しい場所で育ててください。

植え替え適期は12〜3月ごろ。腐葉土や有機肥料を混ぜて植えつけます。花後に化成肥料で追肥します。水は土が乾いたらたっぷりと与えましょう。

6〜7月ごろに花芽を形成するので、剪定は花後に行います。放っておいてもまとまる樹形なので、伸びすぎた枝を整理します。やや横枝が張りやすいので、芯を生かして横に張り出した枝は剪定します。

花が咲かないおもな原因は、木が若い、日照不足、剪定で花芽を切ってしまった、などが考えられます。たくさん咲いた次の年は少ししか咲かないので、そこは諦めましょう。

ハナミズキの一年
春に花が咲き
苞《ほう》 葉が変化したもの
本当の花はこちら
花後に葉が繁り
秋に紅葉し
ヤマボウシのほうが美味
冬に落葉します
もう花芽ができています
夏
このハナミズキもう葉が落ちちゃってるね
ミーン
暑すぎだね
ミーン
夏は午後から日陰で!!
地植えするなら東側に!!
うどんこ病にもなりやすいよね
乾燥に弱いんだよね
なるべく涼しい所がいいよ
矮性《わいせい》で育てやすい品種もあるよ
うどん粉病に強い

名前

# ヤマボウシ（山法師）

ミズキ科ミズキ属

落葉広葉樹（常緑の品種もあり）／高木

花期：5〜6月（品種によって異なる）

日なたを好む

右／ヤマボウシの花は葉が出てきてから開花します。左上／白花のヤマボウシ。左下／ヤマボウシの実。甘くて鳥に人気です。

## 常緑種や花期の長い品種も人気です

ハナミズキに続いて咲くのがヤマボウシ。ハナミズキより少し細く、尖った花びら（苞葉）が特徴です。葉が出始めてから開花してきます。山歩きでよく見かけます。秋に熟す果実は食べられ、紅葉もきれいです。

放任しても樹形が整いやすい、病虫害を受けにくいなど、なかなか魅力的です。最近は常緑種や花期が3か月以上続く品種、赤花、ピンク花の品種など、種類が増えています。花が長く楽しめ、うどん粉病にも強いので、おすすめです。

明るく、日当たりのよい場所を好みます。日当たりが悪いと花つきが悪くなるので、注意してください。常緑種はやや寒さに弱いので、関東以南でおもに出回っています。冷たい風の当たらない場所で育てます。

植え替え適期は、厳寒期を避けた11〜3月です。地植えではあまり肥料を必要としませんが、鉢植えは寒肥、初夏、秋に緩効性の化成肥料で追肥します。鉢植えは2〜3年おきに植え替えましょう。

剪定は落葉期の11〜2月に行います。冬はすでに花芽ができているので切りすぎないようにしましょう。

6月
ヤマボウシ きれいだねー
冬
あら 常緑なのに 落葉してる
8月
あれっ まだ咲いてる 長くない!?
常緑といっても 場所によっては 落葉してるよ
半常緑 だね
なるほど
それ 常緑の ヤマボウシだよ
花期も 長いんだよ
苞《ほう》 葉が変化したもの
本当の花は こっち
葉っぱが 少し厚いだろ
‘ホンコンエンシス 月光’
ツヤツヤ してるね
実は 食べられます
うまい

名前

# エニシダ（金雀枝）

マメ科エニシダ属

常緑広葉樹／低木

花期：4～6月

日なたを好む

右／エニシダは、地植えにすると大きくなります。左／新しい枝の先に咲くヒメエニシダの花。

## 小型で育てやすい矮性種がおすすめ

エニシダは常緑の低木ですが、地植えにするとかなり大きくなります。近年、エニシダとして流通している小型のものは「ヒメエニシダ」で、少し性質が異なります。エニシダは寒さに強いですが、ヒメエニシダはやや寒さに弱く、高温多湿も苦手です。

植え替え適期は春。根をいじられるのを嫌うので、根鉢を崩さずやさしく扱いましょう。緩効性の元肥を少し混ぜて植えつけます。マメ科の植物はあまり肥料を必要としないので、春と秋に置き肥で追肥する程度で十分です。日当たりのよい場所を好みますが、ヒメエニシダは夏の西日には弱いので、半日陰のなるべく涼しい場所で夏越しさせましょう。移植を嫌うので、地植えの場合は、植える場所はよく考えてください。

花後放置しておくと小さなマメができますが、栄養を取られるので、花後に花元から切り戻してください。夏以降に花芽を作ります。矮性《わいせい》種はあまり剪定の必要はないですが、花後に込み合った部分を透かし剪定して風通しをよくしておきます。病虫害の心配はほとんどありません。

早春に「エニシダ」の名前で出回っているこちら
じつはヒメエニシダでーす
エニシダ
地植えにすると大きくなる(3〜4mぐらい)
暑さ寒さに強い
ヒメエニシダ
矮性種
高温多湿に弱い
(夏に枯れやすい)
寒さにもやや弱い
ヒメエニシダは寒さに弱いっていうけど冬の店頭でもだいじょうぶです※
花がかなり長期間咲くのと
花が枯れても汚くならないのが魅力です
夏越しが勝負だねー
半日陰ならだいじょうぶだよ
※スタンダード仕立てにもできます
花後はここで切る

※東京都内

※スタンダード仕立て……幹を伸ばして上部の葉を残した仕立て方

名前

# ライラック

右／華やかでよい香りのライラックの花。左上／ピンク色の品種。左下／ライラックの台木となるイボタノキの花。

別名：リラ、ムラサキハシドイ

モクセイ科ハシドイ属

落葉広葉樹／小高木～高木

花期：4～5月

半日陰を好む

## 暑さに弱いので涼しい場所で育てます

ヨーロッパ原産のライラック。冷涼な気候を好むので、北海道などでよく植えられています。花色は紫、白、ピンクなどがあります。鉢植え向きの矮性《わいせい》種もあります。花に芳香があり、人気の高い花木です。

暑さに弱いので、午後から日陰のなるべく涼しい場所で育ててください。水は、土が乾いたらたっぷりと。

植え替え適期は厳寒期を避けた11～3月です。肥料はあまり必要としないので、植え替え時に元肥を施し、生長期に様子をみながら置き肥で少し追肥する程度でだいじょうぶです。生長が遅く、あまり大きくならないので鉢植えでも育てることができます。

萌芽力が弱いので、あまり強い剪定はしないでください。花が終わったら花穂の下で切り、休眠期の11～3月に伸びすぎた枝を少し整える程度にしましょう。

通常、同じモクセイ科のイボタノキに接ぎ木しているので、台木のイボタノキからひこばえが出てくることが。見つけたら根元から切りましょう。そのままにしておくとライラックより樹勢が強いのでイボタノキになってしまいます。

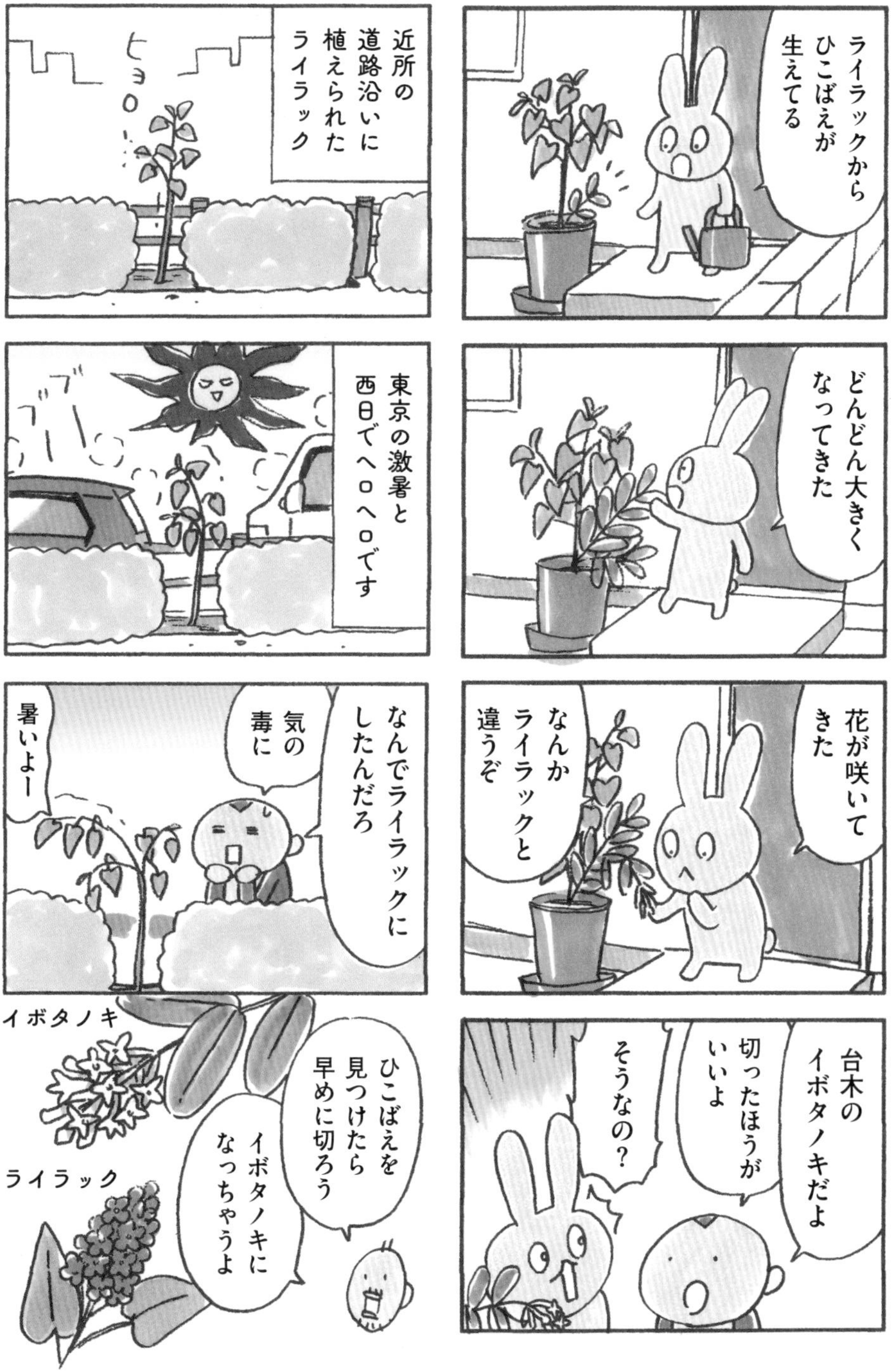
ライラックからひこばえが生えてる
どんどん大きくなってきた
花が咲いてきた
なんかライラックと違うぞ
台木のイボタノキだよ
切ったほうがいいよ
そうなの？
近所の道路沿いに植えられたライラック
ヒョロ
東京の激暑と西日でヘロヘロです
ブブー
なんでライラックにしたんだろ
気の毒に
暑いよー
イボタノキ
ライラック
ひこばえを見つけたら早めに切ろう
イボタノキになっちゃうよ

名前

# ブラシノキ

別名：**キンポウジュ、カリステモン**

**フトモモ科ブラシノキ属**

**常緑広葉樹／低木〜高木（品種によって異なる）**

花期：**初夏（品種によって異なる）**

日なたを好む

右／たくさん咲いていると迫力満点。個性的な花です。左／ブラシノキの実。実の中に細かい種が入っています。

## 花の形が特徴的なオージープランツ

　オーストラリア原産のブラシノキ。ボトルブラシにそっくりなユニークな花が人気です。生長がややゆっくりで、放っておいてもまとまる樹形なので、育てやすく近年ジワジワと人気が出てきました。病虫害の心配がほとんどないのも魅力的です。赤花だけでなく白やピンクなどたくさんの品種があります。

　特徴的な花は、おしべのやくが伸びたもので、花びらはほとんど目立ちません。花後にできる卵のような実の中には小さな種がたくさん入っています。森林火災後に割れて種を放つ変わった性質を持っています。

　関東以南の暖地では問題なく育ちます。寒冷地では冬は室内に取り込めるように鉢植えで育てるのがおすすめです。剪定は伸びすぎた枝を整える程度でだいじょうぶ。植え替えも2〜3年に一度程度でかまいません。日当たりが悪いと花つきが悪くなることがあります。肥料はそれほど必要としません。

　キンポウジュ、カリステモンなど、さまざまな呼び名がありますが、近縁種や園芸種も「ブラシノキ」と呼ぶことが多いです。

ブラシに似てる
ブラシノキの花
ブラシノキの花
ブラシ
似てる
前年にできた実
おしべのやくが長い
前々年にできた実
森林火災後に割れる実なので日本では数年分くっついてます
オーストラリアの植物って個性派が多いよね
そだねー
グレビレア
ユーカリ
ブラシノキの仲間
キンポウジュ
矮性種
鉢植え向き
シロバナ
ブラシノキ
白い花が特徴
シダレハナマキ
枝がしだれるタイプ
ひび割れた幹も個性的
メラレウカの幹と似てる
同じフトモモ科だね

名前

# スモークツリー

別名：ハグマノキ、ケムリノキ

ウルシ科ハグマノキ属

落葉広葉樹／小高木〜低木

花期：6〜7月

日なたを好む

右／フワフワしておもしろい、スモークツリー。左上／スモークツリーの本当の花。左下／伸び始めた花柄。

## 花後に伸びる花柄がとても華やか

フワフワした花《か》柄《へい》が個性的で人気のスモークツリー。近年よく見かけるようになりました。鉢植えでも育てられます。いろいろな花色や葉色があるので、好みで選んでください。雌雄異株で雌花しかフワフワとしませんが、通常出回っているのは雌株です。花が咲いているものを購入すると、色を確認できて安心です。

やや寒さに弱いので、冷たい風の当たらない日当たりのよい場所で育てます。植え替え適期は2〜3月、元肥に有機肥料を施します。花後、秋ごろ、寒肥に緩効性の置き肥で追肥します。乾燥には強いですが過湿は嫌うので、水やりは、土が乾いたらたっぷりと。

剪定適期は落葉期の11〜2月です。冬はもう花芽ができているので切りすぎると花が咲きません。古い枝や不要な枝を剪定しましょう。花後は花の根元で切っておきます。花後すぐに切り戻しておくと新しく伸びた枝に翌年花が咲きます。生長が早いので、毎年剪定して樹形を整えましょう。

病虫害の心配があまりなく、じょうぶで育てやすい木です。花だけでなく紅葉もきれいです。

スモークツリーの本当の花はこれ
花が咲いたあとフワフワした花柄《かへい》が伸びてくる
これが集まると煙のように見えるのだ
花後はここで切る
注意
ウルシ科なのでかぶれることあり
肌の弱い人は手袋してね
花色いろいろ
赤
緑
ピンク
白
葉色もいろいろ
紅葉もするよ

名前

# ムクゲ（木槿）

別名：ハチス

アオイ科フヨウ属

落葉広葉樹／低木

花期：7～9月

日なたを好む

右／真っ白な花が咲く‘白花笠’。左上／アオイ科の花は筒状のおしべの先端にめしべがあります。左下／八重咲きの品種も豊富です。

## 暑さ、寒さに強いじょうぶな木

ムクゲはハイビスカスに似た花を咲かせるアオイ科の落葉樹です。花は一日でしぼむ一日花ですが、夏の間次々と花を咲かせます。花色はピンク、白、紫、一重咲き、八重咲きなどたくさんの品種があります。暑さ寒さに強いので育てやすく、花の少ない時期に楽しませてくれます。

日当たりのよい場所で育てます。水は土が乾いたらたっぷりと与えてください。植え替え適期は3～4月、有機肥料の元肥を施し、開花中に化成肥料で少し追肥するとよいでしょう。寒肥は落葉期の12～1月ごろに有機肥料を施します。

放任しても自然にまとまる樹形ですが、強剪定にも耐えられます。剪定適期は落葉期の11～3月。春から伸びた新しい枝に花が咲くので、冬の間に刈り込んでも夏の花つきに問題はありません。病虫害の心配はあまりありませんが、アブラムシやハマキムシがつくことがあります。見つけたら殺虫剤などで防除します。

よく似た花に、ムクゲと同じ時期に咲くフヨウがあります。ムクゲのほうが花や葉が小ぶりで、葉の形も異なります。

近所のムクゲ
きれいだねー
冬のある日
ずいぶん切り詰めたね
だいじょうぶ!?
3月
新芽出てるよかったね
夏
今年もきれいだねー
ムクゲは強剪定が可能です
ムクゲには虫がたくさん訪れます
うめえ
食うな
品種いろいろ
一重咲き
八重咲き
半八重咲き

名前

# サルスベリ

別名：百日紅（ひゃくじつこう）

ミソハギ科サルスベリ属

落葉広葉樹／低木～高木（品種によって異なる）

花期：7～9月

日なたを好む

右／定番の濃いピンクのサルスベリ。真夏でも咲き続けます。左上／紅葉も色鮮やか。左下／つるつるとしていておもしろい幹肌。

## 華やかな花が長い夏を彩ります

夏の間、長く咲き続けるので百日紅とも呼ばれるサルスベリ。真夏の花の少ない時期に元気に咲き続けます。花色は赤、ピンク、白、紫など豊富です。あまり大きくならない矮性《わいせい》種は、鉢植えにおすすめです。盆栽も人気があります。

日当たりが悪いと花つきが悪くなるので、日当たりのよい場所で育てます。暑さに強いので、夏の西日にも耐えられます。

植え替え適期は3～4月です。植えつけ時に有機肥料の元肥を施し、春と秋に緩効性肥料で追肥します。寒肥は有機肥料がおすすめ。

春に新しく伸びた枝に花芽を作るので、11～3月の落葉期に剪定します。どこで切ってもあまり問題ないので、バランスを見ながら整えます。大きくなりすぎるのを防ぐには、適当な高さで芯を止めるとよいです。また、花後に実をつけると栄養を取られるので、花が終わったら花の下で切っておくとよいでしょう。

風通しが悪いと、うどん粉病になりやすいので注意してください。カミキリムシがつくことがあるので、見つけたら専用の殺虫剤で駆除しましょう。

サルスベリの花は
個性的
2種類のおしべ
花びら
めしべ
右右左左と
2枚ずつ交互につく
葉っぱ
花や葉だけじゃ
なくて
幹肌もおもしろいの
見てね
つるつる
してる
きゃ

花後はここで切る
花色いろいろ
薄いピンク
白
紫
葉っぱが黒い
ブラックパール
新しい品種
だよ
背の低い
矮性種も
あるよ
鉢植えに
おすすめ

名前

# キンモクセイ（金木犀）

モクセイ科モクセイ属

常緑広葉樹／小高木

花期：9～10月

日なたを好む

右／きれいに剪定されて整った樹形のキンモクセイ。左／花はとてもよい香り。近年では2番花、3番花が咲くこともあります。

## 花の香りは秋の象徴。温暖な気候を好みます

秋の香りといえばキンモクセイ。人気の庭木です。鉢植えでも育てることができます。近縁種にギンモクセイとヒイラギモクセイがあり、こちらも香りがいい花が咲きます。最近は温暖化の影響か開花が早くなる傾向にあるようです。

植え替えは4～5月ごろが適期。キンモクセイは根をいじられるのを嫌うのでやさしく扱いましょう。植え替え時に有機肥料の元肥を施し、春と秋の開花前に化成肥料で追肥します。

春に伸びた枝に花を咲かせます。花後すぐ10月中に剪定しておけば翌年も花を楽しめます。温暖な気候を好む木なので、寒さはやや苦手です。寒い時期の剪定は樹が弱るので、やめておきましょう。キンモクセイは生長が早いので、強剪定する場合は2～3月の暖かくなったころに行います。

花が咲かない原因は、日当たりが悪い、剪定の時期が悪い、または強剪定で花芽を切ってしまったから、ということが多いです。挿し木でも増やせます。

病虫害の心配はあまりありません。香りがいい割に虫がつかないのが人気の理由かもしれませんね。

キンモクセイが咲かないよ〜
いつ剪定したの？
えー夏ごろかな
伸びてたからいっぱい切っちゃった
春に伸びた枝に秋に花が咲くから切るのは花後すぐか遅くても3月までにしてね
あと冬は剪定しないでね
はーい
自然な樹形
丸い
刈り込み剪定で形を作ってもいいよ
キンモクセイの植え替え
あちゃー
コガネムシの幼虫がいっぱいいる…
コガネムシの幼虫は根を食べてしまうので枯れることがある見つけたら駆除してね

名前

# ツバキ（椿）

ツバキ科ツバキ属

常緑広葉樹／小高木

花期：10〜4月

日なたを好む

右／ベーシックな一重咲き。左上／おしべのやくが花びらに変形した唐子咲き。左下／花びらが幾重にも重なっておしべが見えない千重咲き。

## 品種が豊富で花色、花姿もさまざま

ツバキは日本原産の花木で、花色、花形ともに豊富で、多くの園芸品種があります。近年は外国で品種改良されたものもたくさん輸入されています。輸入品種は、花が大きくて派手なものが多いです。ツバキとサザンカはよく似ていますが、ざっくり分けると、冬〜春に咲くのがツバキで秋〜冬に咲くのがサザンカです。

植え替えは3〜4月が適期です。日当たり、風通しのよい場所で育てます。酸性土壌を好むので、培養土に腐葉土やピートモス、鹿沼土などを混ぜましょう。植えつけ時に元肥を施し、花が咲く前の9月ごろに緩効性肥料で追肥します。

剪定適期は、花が咲き終わった4〜5月です。新しく伸びた枝に翌年花を咲かせるので、遅くても5月中にすませましょう。風通しが悪いと病虫害が発生しやすくなるので、込み合った枝は整理を。ヤブツバキの花後にできる実は、夏ごろ赤く色づき、秋に種ができます。とくに利用しない場合は剪定してOKです。ツバキやサザンカにはチャドクガがつくので、定期的に点検、または消毒して被害を防いでください。

ツバキは（サザンカも）
チャドクガに注意
花後は葉芽を残して切る
葉芽
幼虫は4～6月と8～9月の年2回発生します
成虫は7月と10月です
ときどき葉裏をチェックして
手袋と長袖!!
卵があったら枝ごと切って捨ててね
点検または消毒が必須です
発生前に予防してね
チャドクガは毛に毒があるので注意
品種いろいろ
一重咲き
千重《せんえ》咲き
唐子《からこ》咲き
八重咲き
変わり葉の金魚葉椿もあるよ

名前

# ボケ（木瓜）

バラ科ボケ属

落葉広葉樹／低木

花期：3〜4月（四季咲き品種もあり）

日なたを好む

右／株立ち状のマボケ。左上／ふっくら丸みを帯びたボケの花。花柄がほとんどありません。左下／実はカリンに似ています。

## 実は生食できないので ご注意ください

ボケは中国原産のマボケ、日本原産のクサボケ、園芸種のボケの総称。品種によって春咲き、秋咲き、四季咲きがあります。花色も赤、白、ピンク、咲き分けと豊富です。花後にできる実は、カリンの実に似ていていい香りですが、生食できません。果実酒やジャムにしてみてはいかがでしょう。

年末から早春にかけて盆栽や鉢植えが多く出回ります。マボケは株立ち状で大きく育ち、クサボケはブッシュ状に広がって伸びます。

水はけがよく、日当たりのよい場所で育てます。比較的水を好むので、鉢植えの場合は水やりを忘れずに。4、6、9月に緩効性肥料で追肥します。春に植え替えをすると、根頭がん腫病にかかりやすいので、植えつけや植え替えは秋に行います。とても鋭いトゲがあるので、切っておくと扱いやすいです。

剪定は花後の4〜6月と、落葉期の11〜12月に行います。伸びすぎた枝や込み合った枝を整理しつつ、花芽がついていない長い枝は、短めに切り詰めます。アブラムシやカイガラムシがつくことがあるので、見つけたら防除してください。

あれ
10月なのに
ボケが咲いてる

ボケの実は
果実酒にできます
カリン
みたいな
香り

ボケは秋から咲く
寒ボケとか
※四季咲きも
あるよ
そういえば
このボケ
いつも
咲いてる気が
四季咲き品種
なんだろうね
なるほど

※四季咲き……一定の気温があれば花を咲かせる性質。

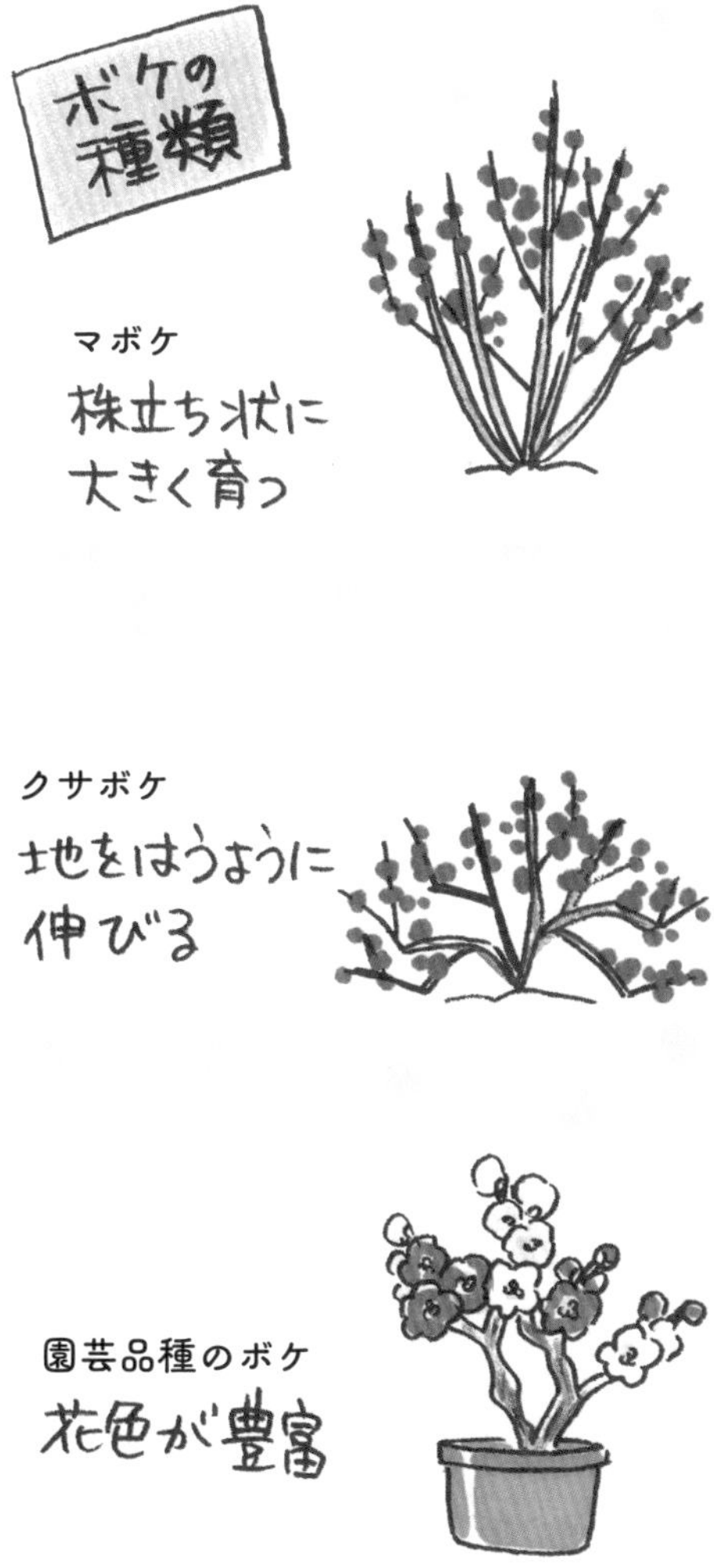
ボケの種類
マボケ
株立ち状に
大きく育つ
クサボケ
地をはうように
伸びる
園芸品種のボケ
花色が豊富

名前

# ジンチョウゲ（沈丁花）

ジンチョウゲ科 ジンチョウゲ属

常緑広葉樹／低木

花期：2〜3月

半日陰を好む

右／枝先にくす玉状の花を咲かせます。左上／花の外側が淡い紅色のウスイロジンチョウゲ。左下／真っ白なシロバナジンチョウゲ。

## 移植を嫌うので植え替えはやさしく

早春の香りといえばジンチョウゲ。三大香木の一つです。ジンチョウゲは生長が遅く、あまり大きくならないことに加え、放任してもまとまる樹形です。育てやすく、鉢植えでも簡単に栽培できます。

夏の西日に弱いので、東側や南東で育てるのがベストです。移植を嫌うので、地植えの際は、植える場所を吟味しましょう。鉢植えの植え替え時は、根を傷めないようにやさしく扱ってください。植え替え適期は春と秋です。有機肥料の元肥を施し、春と秋に緩効性の化成肥料で追肥します。

水は土が乾いたらたっぷりと。鉢植えは、夏場の水切れに注意しましょう。乾燥が激しいときは、朝夕水やりしてください。

剪定はあまり必要ありませんが、6月ごろから花芽を形成するので、切るなら花後から4月ごろまでにすませておきましょう。太い枝を切ると枯れ込むことがあるので、強剪定は避けたほうが無難です。

雌雄異株です。日本で流通しているのはほぼ雄株なのでほとんど結実しません。挿し木で増やすことができます。

ジンチョウゲって
育て方のコツとかあるの?
ジンチョウゲはデリケートなので剪定するときは消毒したハサミで
専用のクリーナーもあるよ
あるよ
西日はダメ
植え替えは根鉢を崩さない!!
暑いのが苦手だから
午後から半日陰がいいよ
あとあんまり剪定しなくていいよ
それは楽でいいね
花色いろいろ
花に見えるのはがく片
黄
白
斑入り葉の品種もあるよ

名前

# ユキヤナギ（雪柳）

別名：小米花（コゴメバナ）

花期：3～4月

落葉広葉樹／低木

バラ科シモツケ属

日なたを好む

右／しだれた枝にたくさんの小さな花を咲かせます。左／つぼみと花びらの外側がピンクの'フジノピンク'。

## 可憐な花とは裏腹に じょうぶで育てやすい

花時期は、真っ白な花が雪のようで美しいユキヤナギ。暑さ寒さに強くて育てやすい低木です。地植え、生け垣、鉢植えもOK。切り花の枝ものも人気です。

日当たり、風通しがよい場所で育てます。日当たりが悪いと花つきが悪くなってしまいます。植え替え適期は春の2～3月と秋の10～11月です。植え替え時に有機肥料の元肥を施し、花後と秋に化成肥料で追肥します。鉢植えの場合、水は土が乾いたらたっぷりと。真夏の水切れには注意してください。

夏に花芽を作るので、剪定するなら花後すぐの4～5月くらいにすませましょう。低木ですが、放任すると2メートルくらいになるので「伸びすぎたのでいったん短くしたい！」というときは地際から30センチくらいで刈り込みます。萌芽力が強いので、すぐに新芽が出てきます。6月以降に剪定すると花芽を切ってしまうので、注意しましょう。

じょうぶで病虫害の心配はほぼありません。風通しが悪いとアブラムシやカイガラムシがつくので、そこだけ気をつけましょう。挿し木でも増やせます。

ユキヤナギ
きれいだねー
伸びた部分を
適当に刈り込んでも
だいじょうぶですが
刈り込み
OK
いつも
テキトーに
切ってる
む
上に伸びた徒長枝は
根元から切ると
整いやすいです
くんくんくん
甘い
いい匂いが
するよ〜
かいで
みてねー
品種
いろいろ
フジノピンク
つぼみと花びらの
外側がピンク
オウゴン
葉が
黄緑色

名前

# アザレア

別名：西洋ツツジ

ツツジ科ツツジ属

常緑広葉樹／低木

花期：3～5月

日なたを好む

右／アザレアらしい八重咲きの‘エリシューム’。左上／白いアザレアは意外に少ない。左下／絞りの入った華やかな八重咲き。

## 華やかな品種が多数。乾燥に気をつけて

アザレアはヨーロッパで品種改良された、ツツジの園芸品種です。ツツジよりも大きく、華やかな花が多いです。冬は室内でといわれていますが、近年は冬でも暖かいので、関東以南の暖地だと日中は外に出していてもだいじょうぶです。

日当たりのよい場所で育てます。水はけのよい土を好むので、鹿沼土を少し混ぜるとよいでしょう。乾燥に弱いので、室内に置くときは暖房の風が直接当たらない場所に置き、ときどき霧吹きで葉水を与えてください。乾燥するとつぼみが落ちやすくなります。水切れすると葉が落ちるので、表面の土が乾いたら、水をたっぷりと与えてください。

植え替え適期は4～5月。花が終わったら植え替えるとよいでしょう。生長がゆっくりなので、植え替えは2～3年に一度でOK。

夏以降に花芽を形成するので剪定は春の花後すぐに行い、半日陰で夏越しさせます。肥料は春と秋の生長期に緩効性肥料で追肥を。

寒さに弱い割には真冬に流通しているアザレアですが、本来の開花期は春なので、購入した翌年は3月ごろから咲いてきます。

アザレアは冬は室内でといわれますが
東京より寒い群馬の実家では
昼間は外に
なぜか冬に出回るので
店の外に並べてますが
割と平気です
10°c くらい
夜は玄関にしまう
冷たい風には弱いので
ヒュウウ
ひゃー
ありゃりゃヤバし
めんどくさいんよ
でも出しっぱなしだとだめだから
えらーい
強風や雪の日は店内に避難させています
ホ
花がらはここで摘む

名前

# アベリア

別名：花衝羽根空木（ハナツクバネウツギ）

スイカズラ科ツクバネウツギ属

常緑広葉樹／低木

花期：5～10月

半日陰もOK

右／半日陰でもよく育ちます。左上／小さく可憐な花は、長い期間目を楽しませてくれます。左下／花が咲いた後のがくも存在感があります。

## かわいらしい花のほか 葉色も楽しめる

アベリアは春から秋まで長い間、甘い香りの花を次々と咲かせます。じょうぶなので、公園樹や街路樹に多く利用されています。生け垣のイメージが強いですが、鉢植え向きのコンパクトな品種もあります。

日当たりのよい場所や半日陰で育てられます。植え替え適期は3～4月と9～10月。肥料はそれほど必要としません。植え替え時に元肥を施し、休眠期の2～3月と9月ごろに緩効性肥料を少し追肥する程度で十分です。

水は土が乾いたらたっぷりと与えましょう。夏の水切れには注意しましょう。春から秋の生育期はいつでも剪定できます。新しく伸びた枝に花が咲くので、古い枝や徒長枝は適宜剪定してください。半分くらいに短く刈り込みたいときは、休眠期の冬場に行います。

チョウやハチがたくさん訪れますが、病虫害の心配はあまりありません。

常緑ですが、冬に紅葉を楽しめたり、鮮やかな葉色の斑入り種など、花だけでなく葉色を楽しめる品種もたくさんあります。関東以南の暖地では常緑ですが寒冷地では冬は落葉します。

## 剪定のコツ

ビョーンと上に伸びた枝の根元で切る

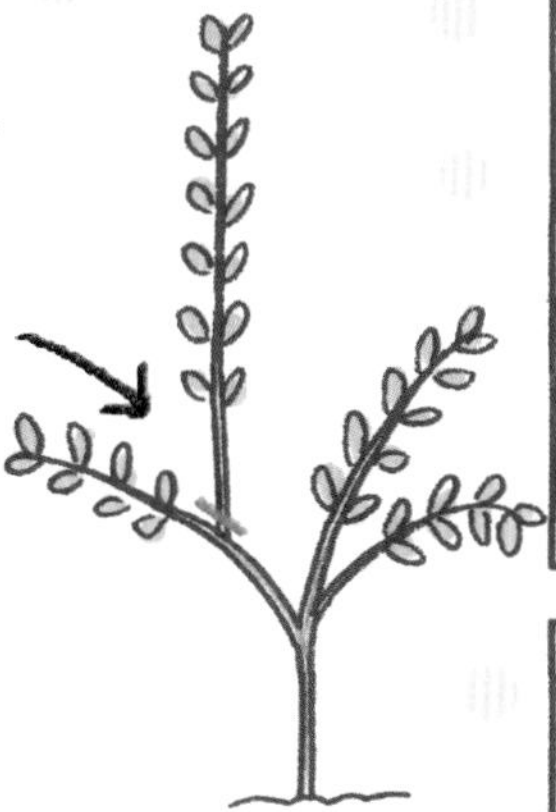

刈り込んでもOKです

## 品種いろいろ

カレイドスコープ

季節で葉色が変化
春黄緑→夏黄色→秋オレンジ

新芽の斑はピンク

コンフェティ

だんだんクリーム色に変化

この花なあに?
かわいー
アベリアだけど
これ花じゃないよー
がくなんだよ
花
がく
花後 花みたいながくが長く残る
えーずっと花だと思ってた
がくもかわいいよね

名前

# ミニバラ

バラ科バラ属

落葉広葉樹／低木

花期：品種によって異なる

日なたを好む

右／四季咲きのミニバラ‘ほほえみ’。
左上／人気品種の‘グリーンアイス’。
左下／花の中心の白と黄色のおしべがかわいく目立つ‘リトルアーチスト’。

## はじめてでも育てやすいバラです

ミニバラは立ち木性の中小型バラの総称です。花は小輪から中輪で、四季咲き品種が多いです。最近はミニバラといっても花が大きいものが増えています。あまり大きくならず、鉢植えで簡単に育てられます。

植え替え適期は11～2月ごろですが、真夏以外でしたらほとんど問題ありません。根鉢を崩さず、やさしく植えてください。植え替え時の元肥に有機肥料を施します。春から秋は緩効性の置き肥または液体肥料で追肥します。量は状態をみながら加減してください。

基本的に、日当たりのよい場所で育てますが、夏は西日を避け、午後から日陰になる場所で育てます。水は土が乾いたらたっぷりと。

花がらは、放っておくと実ができて栄養を取られるので、花が終わったら切ります。新しく伸びた枝の先に花が咲くので、花後は少し切り戻し剪定しておくとまた花芽が上がってきます。

アブラムシやハダニがつくことがあるので、見つけたら防除しましょう。風通しが悪いとうどんこ病になりやすいので注意。高温多湿にも弱いので、梅雨どきは雨の当たらない場所に。

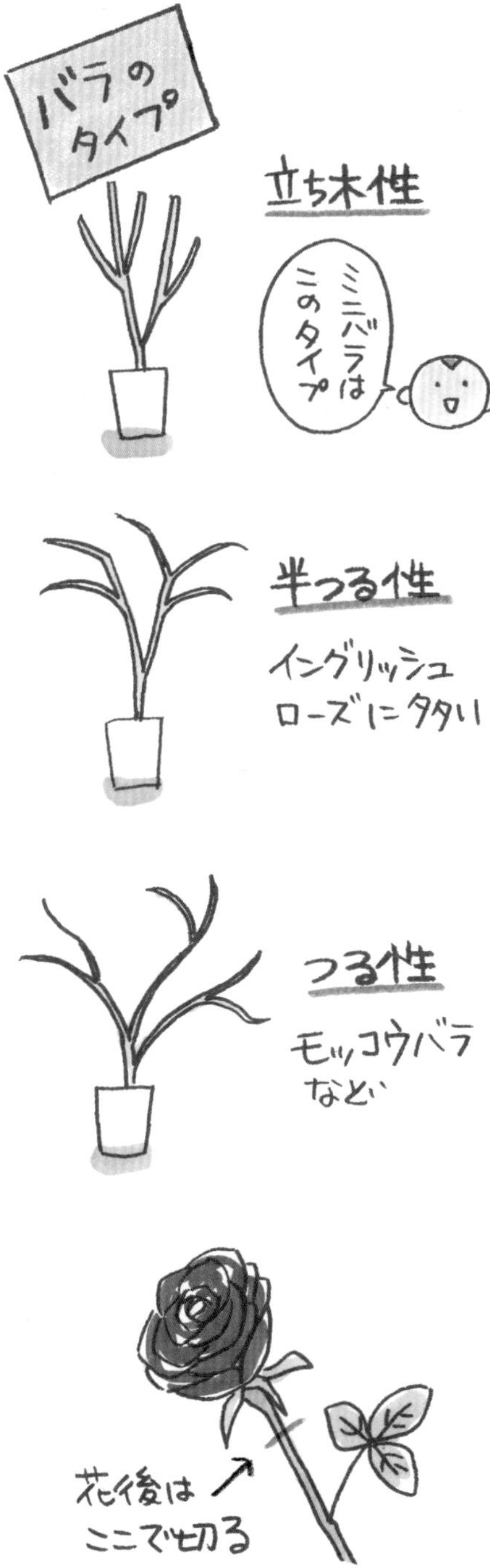
バラのタイプ
立ち木性
ミニバラはこのタイプ
半つる性
イングリッシュローズに多い
つる性
モッコウバラなど
花後はここで切る

ミニバラも大きくなるの？
フェンスとか必要？
ミニバラはそんなに大きくならないよ
フェンスなしでコンパクトに育てられるよ
これぐらいのが多いよ
いいね
ゆらゆらするなら支柱で支えてもＯＫ

名前

# シャクナゲ（石楠花）

ツツジ科ツツジ属

常緑広葉樹／低木（高木もあり）

花期：4～5月

半日陰を好む

右／枝先にくす玉状に花が咲きます。品種によっては、地植えにすると大きくなるものもあります。左／セイヨウシャクナゲは花が大きいものが多い。

## 暑さに弱く半日陰向き。華やかな花が人気

シャクナゲには日本シャクナゲと西洋シャクナゲがあります。昔から品種改良が盛んでたくさんの品種があります。日本シャクナゲは葉の裏に毛があり、白や薄いピンクの品種が多く、西洋シャクナゲは葉の裏に毛はなく、濃いピンクや赤など派手で大きい花が多いです。最近は西洋シャクナゲが多く出回っています。あまり大きくならないので、鉢植えで育てやすいです。

植え替えは春か秋が適期です。ツツジ科で酸性土壌を好むので、培養土にピートモスや腐葉土、鹿沼土などを混ぜるとよいでしょう。植え替え時に元肥を施し、2月に寒肥、花後5～6月と秋9～10月に緩効性肥料を少し追肥しましょう。

夏の暑さが苦手なので、半日陰か、夏は午後から日陰の場所で育てます。暗すぎると花つきが悪くなるのでご注意ください。

剪定に弱いので、強い剪定はせず、不要な枝を整理する程度にとどめましょう。花後に新芽を芽かきすると枝数が増えて翌年の花芽も増えます。花後は実ができますが、栄養を取られてしまうので、花がらは花元から摘み取ってください。

山でときどき出合うシャクナゲ
近所の公園のシャクナゲ
近所のおうちのシャクナゲ
シャクナゲは暑いのが苦手なので半日陰で育ててね
花後はここで切る
芽かき
花後に行います
新芽
ここを切る
枝が増えると翌年の花も増えます
新芽がでて枝になる
おまけ
なぜかシャクナゲの鉢って重いのが多いのよ
ズシッ

名前

# ランタナ

別名：七変化（シチヘンゲ）

クマツヅラ科シチヘンゲ属

常緑広葉樹／低木

花期：4〜10月

日なたを好む

右／花色がオレンジからピンクに変化します。左／やや小ぶりなコバノランタナ。

## 開花期間が長く変化する花色が楽しい

小さなアジサイのような花がかわいらしいランタナ。春から晩秋まで咲きます。花色が黄色からオレンジ、ピンクから白へと変化するのが特徴で、シチヘンゲとも呼ばれます。ランタナより小型で匍匐《ほふく》性、花色は変化しないコバノランタナ、ランタナとコバノランタナの交雑種もあります。

日当たりのよい場所か半日陰で育てられますが、日当たりがよいほうが花つきはよくなります。幼木はやや寒さに弱いので、冬は冷たい風の当たらない場所で育ててください。関東以南でしたら冬越しできます。

植え替え適期は生育期間中の5〜9月です。生育旺盛なので、1〜2年に一度は植え替えをしましょう。植え替え時に元肥を施し、春から秋の生育期間中に液体肥料または緩効性の置き肥で追肥してください。水は土が乾いたらたっぷりと与えましょう。夏の乾燥には注意します。

剪定はいつしてもだいじょうぶ。冬は落葉するので、伸びすぎて小さくしたいときは半分くらいに切り詰めてもよいでしょう。

病虫害の心配はあまりありません。

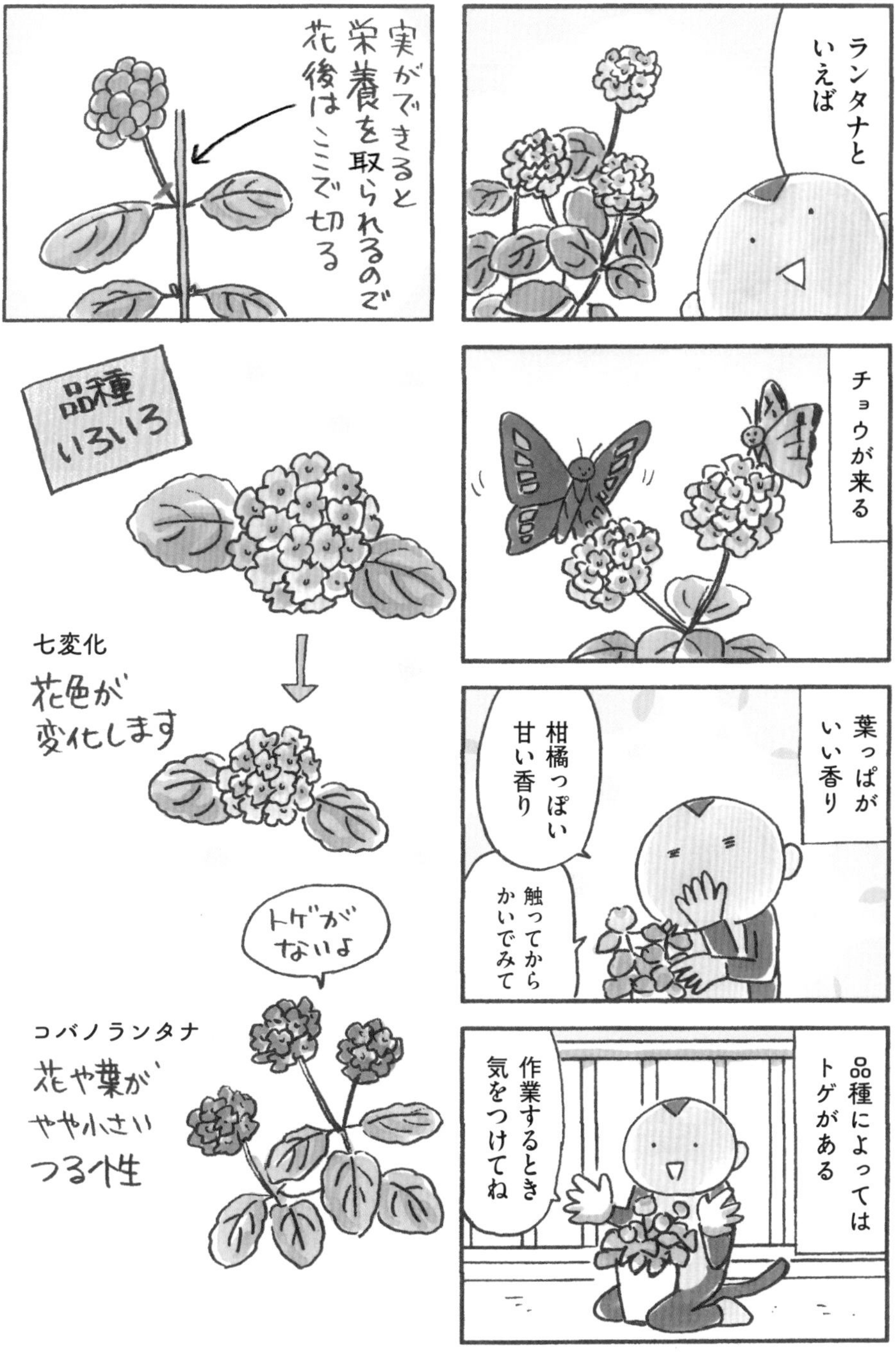
ランタナと
いえば
チョウが来る
葉っぱが
いい香り
柑橘っぽい
甘い香り
触ってから
かいでみて
品種によっては
トゲがある
作業するとき
気をつけてね
実ができると
栄養を取られるので
花後はここで切る
品種
いろいろ
七変化
花色が
変化します
トゲが
ないよ
コバノランタナ
花や葉が
やや小さい
つる性

名前

# アジサイ（紫陽花）

別名：七変化（シチヘンゲ）

アジサイ科アジサイ属

落葉広葉樹／低木

花期：6～7月

半日陰を好む

右／手まり形のアジサイ。左上／葉がカシワに似ていて、花房が円すい形のカシワバアジサイ。左下／ガクアジサイよりやや小ぶりな花のヤマアジサイ。

## ボリュームのある花が梅雨に映えます

アジサイにはいろいろな種類がありますが、いわゆる丸いのをアジサイ（手まり形）、中心に両性花、まわりに装飾花が咲いているのをガクアジサイと呼んでいます。欧米で品種改良されたものをハイドランジアと呼び、装飾花が大きくて派手なものが多いです。どれも初夏に花が咲きます。

日当たりが悪いと花つきが悪くなりますが、夏の西日には弱いので、育てるなら午後から日陰になる東側がベスト。鉢植えの場合、夏は半日陰で。水を好むので真夏に乾きがひどいときは朝と夕方に水やりを。

肥料は、落葉期と花後に化成肥料で追肥します。花後は花の下、葉芽のある所で切ります。切らずにそのままにしておくと花は散らずに残ります。夏の間に花芽を作るので、剪定は遅くとも7月中に。

アジサイの仲間には円すい状に花が咲くカシワバアジサイ、7月以降に開花するノリウツギ、花が小型のヤマアジサイなどもあります。白い手まり状の花房が人気のアナベルは、アメリカノリノキの園芸品種で、新しい枝に花が咲くので、冬に剪定が可能です。

なんかアジサイが元気ないなー
ギャー
コガネムシの幼虫に根っこ食われてる
ズボッ
挿し木で育てたら
2年目に咲きました
伸びすぎた株の仕立て直し
下から2~3節で切る
翌々年からまた咲きます
花後はここで切る
翌年花が咲く

名前

# オーストラリアンローズマリー

別名：ウエストリンギア

シソ科ウエストリンギア属
半耐寒性常緑広葉樹／低木
花期：3〜11月

日なたを好む

右／自然と整いやすい樹形。左／初夏に多く花が咲きますが、四季咲き性で真夏と真冬以外よく咲きます。

## 寒さに強く育てやすい近年人気の低木

オーストラリア原産の低木でローズマリーに似ているのでオーストラリアンローズマリーと呼ばれていますが、葉に芳香はありません。それから、食べられません。枝はローズマリーよりやわらかいです。四季咲き性でほぼ周年花が咲き、手間がかからないので、近年人気が出てきました。

植え替えは、春か秋が適期です。過湿を嫌うので、水はけのよい土に植えます。長雨が続くときは雨の当たらない場所に移動しておくと安心です。肥料はあまり必要としませんが、花つきが悪くなったら緩効性肥料を少し追肥してください。

半耐寒性なので、マイナス3度くらいまでだいじょうぶ。関東以南の暖地なら周年戸外で育てられます。

剪定時期は、真冬と真夏を避け、春と秋がおすすめです。伸びすぎた所や込み合った所を枝元から切ると自然な感じに仕上がります。生長がやや早いので、こまめに剪定すると形をキープできます。

病虫害の心配もほとんどなく育てやすい低木です。シルバー系や斑入り種はカラーリーフとしても人気です。鉢植えや寄せ植えにも。

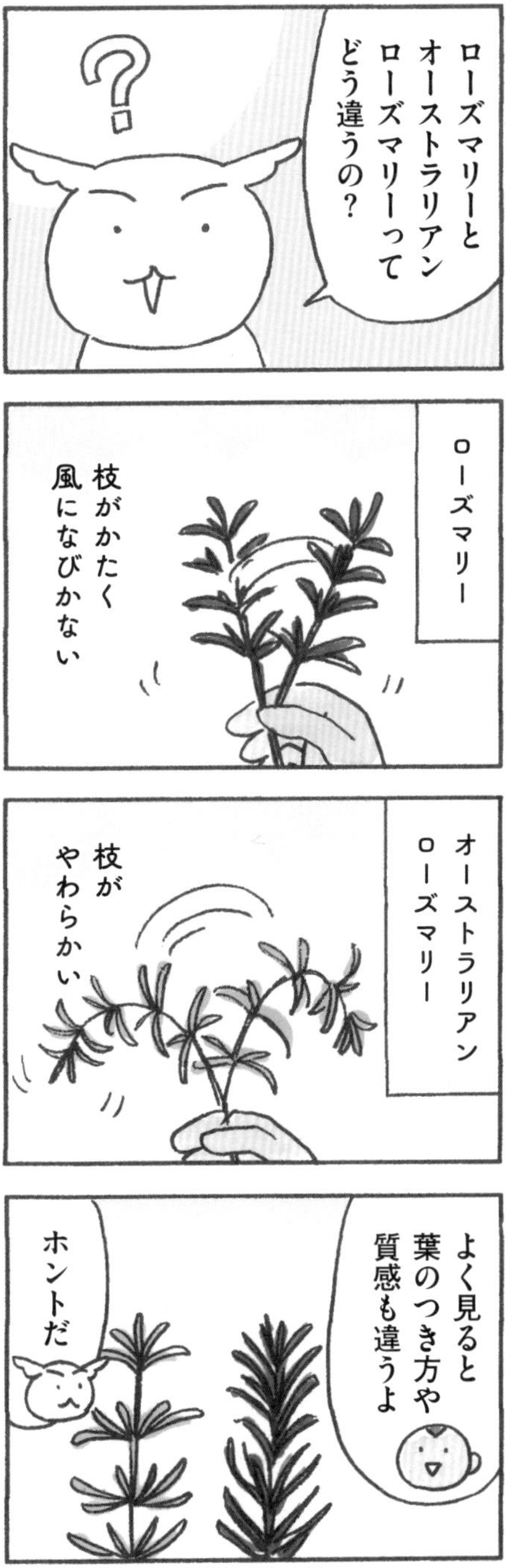
ローズマリーとオーストラリアンローズマリーってどう違うの?
?
ローズマリー
枝がかたく風になびかない
オーストラリアンローズマリー
枝がやわらかい
よく見ると葉のつき方や質感も違うよ
ホントだ

一年中咲いてるのあるよねー
品種いろいろ
シーミスト
ラベンダー色の花
スモーキーホワイト
シルバーリーフ
白い花
バリエガータ
緑の葉に
黄色の斑入り
ピンクの花

名前

# ミントブッシュ

シソ科プロスタンテラ属
常緑広葉樹／低木
花期：3〜4月

半日陰を好む

右／葉っぱはさわやかなミントの香り。
左／花の最盛期は春ですが、条件がよいと初夏までぽつぽつと咲き続けます。

## カラーリーフや花も楽しめます

オーストラリア原産の低木で、葉にミントのような芳香があります。花期は3〜4月。花色はピンク、紫、白などがありますが、カラーリーフとしても楽しめる木です。細葉のものや斑入り種などがあります。

高温多湿と寒さにやや弱いので、鉢植えで季節に合わせて移動できると便利です。梅雨どきは雨の当たらない軒下、夏は半日陰、冬は冷たい風の当たらない場所で。雪が降るときは室内に置くと安心です。寒さにやや弱いといわれていますが、関東以南の暖地でしたら問題ありません。

過湿を嫌うので、水はけのよい土に植えてください。水は乾いたらたっぷりと、冬場は控えめに。あまり肥料を必要としないので植え替え時に少し腐葉土を混ぜて、生長期に少し追肥する程度で十分です。夏以降伸びた枝に翌年花を咲かせるので、剪定は花後すぐの4〜5月に行います。強剪定は木が弱るので、込み入った枝を透かしたり伸びすぎた枝を整える程度に。

病虫害の心配はほとんどありません。香りがよい割に虫がつかないので助かります。

この葉っぱ触って匂いかいでみて
なんだろ
ミント?
くんくん
ミントブッシュでした〜
ミントブッシュって虫がつく?
あんまりつかないと思うよ
じゃあ育てようかな
前にミント植えたら虫に食べられた↓

ミントの香りの植物
ミントブッシュ
オーストラリア原産
ペパーミント
ヨーロッパ原産
ニホンハッカ
日本原産
3つともシソ科だね
ミントブッシュいろいろ
花色はピンク、紫、白など
斑入り細葉タイプ
香りは弱め
明るく美しい葉色
斑入り種

名前

# ブッドレア

別名：バタフライブッシュ

ゴマノハグサ科フジウツギ属

落葉広葉樹／低木

花期：7～10月

日なたを好む

右／ブッドレアの花は円すい形の花穂が特徴的。左／バタフライブッシュの別名のとおり、チョウがよく飛来します。

## 甘い香りにチョウが集まります

夏の花の少ない時期に次々と花を咲かせるブッドレア。別名バタフライブッシュと呼ばれ、甘くよい香りにチョウが集まります。花色は紫、白、ピンクなど多くの品種があります。暑さにも寒さにも強く、じょうぶで育てやすいです。

日当たりと水はけのよい場所を好みます。植え替え適期は春3～4月です。生育旺盛なので1～2年に一度は植え替えしましょう。肥料はあまり必要としないので、植え替え時に腐葉土や有機肥料を少し混ぜて、1～3月に緩効性の肥料を少し追肥する程度で十分です。水は土が乾いたらたっぷりと与えてください。

生長が早くやや乱れやすい樹形なので、毎年剪定をしましょう。剪定適期は1～3月。春から伸びた枝に夏に花を咲かせるので、古い枝、不要な枝を剪定します。強剪定にも耐えられるので、半分ほどに切り詰めてだいじょうぶです。

花が終わったら花元で切り戻すと、新しい花芽が上がってきます。病虫害の心配はあまりありませんが、アブラムシやカミキリムシがつくことがあるので見つけたら防除しましょう。

花後はここで切る
側芽が伸びてまた花が咲くよ
品種いろいろ
シルバーアニバーサリー
シルバーリーフがオシャレで人気
フラワーパワー
花色がピンクからオレンジに変化する
アルテニフォリア
長〜い花穂がしだれる

ブッドレア いっぱい 咲いてる
甘くていい香り
フン フン
さすがバタフライブッシュ チョウがいっぱい 来るね

名前

# ハギ（萩）

マメ科ハギ属

落葉広葉樹／低木

花期：7～9月

日なたを好む

右／代表的品種の‘ミヤギノハギ’。群生するとみごとです。左／白とピンクのツートンカラーが美しい‘江戸絞り’。

## 古くから愛される秋の七草

ハギは秋の七草の一つですが、実際は初夏から咲きだします。秋まで咲くので、長く花を楽しめます。品種も多く、花色は赤紫、ピンク、白、黄色などがあります。よく見かける赤紫色のしだれて咲くのはハギ属のミヤギノハギです。センダイハギ（キバナセンダイハギ）やムラサキセンダイハギは同じマメ科で似ていますが、センダイハギ属で、花がルピナスのように上に向かって伸びます。

日当たりと水はけのよい場所で育てます。鉢植えの植え替えは11～12月または2～3月に行います。肥料はあまり必要としません。水は、土が乾いたらたっぷりと与えます。真夏の水切れには注意してください。水切れすると葉が落ちてしまいます。

古い枝には花が咲かないので、落葉期に地際からばっさり刈り込みます。春に新芽が出て伸びた枝に花が咲きます。病虫害の心配もあまりなく、じょうぶで育てやすい木です。

夏ごろからたくさんの品種が出回ります。鉢植えで簡単に育てられるので、秋の七草同士で寄せ植えにするのもおすすめです。

ハギの
剪定は簡単
12～2月の
落葉期に
地際から
ばっさり切るだけ
10～30cm
こんなに切って
だいじょうぶ？
だいじょうぶ
春先に
伸びた枝に
花が咲くから
ベランダの鉢から
なにか生えてきた
なんだろ？
と思ってたら
ハギでした
ハギの
葉っぱは
三出複葉《さんしゅつふくよう》
鉢上げして育てたら
咲きました
マルバハギ
でした
ハギもたくさん
品種があるよ
江戸絞り
ミヤギノハギ
もっともポピュラーな
ハギ

名前

# エリカ

別名：ウインターヒース、スプリングヒース

ツツジ科エリカ属
常緑広葉樹／低木

花期：品種によって異なる

日なたを好む

右／じょうぶなジャノメエリカ。左／クリスマス時期に多く出回るクリスマスパレード。

## 冬に咲く品種も多く寒い時期の彩りにも

　エリカにはヨーロッパ原産とアフリカ原産のものがあります。ヨーロッパ原産は寒さに強く、高温多湿の日本の夏には弱いものが多いです。アフリカ原産は、ジャノメエリカのように暑さや乾燥に強く、やや寒さに弱いものが多いです。アフリカ原産のほうが、日本では育てやすい傾向にあります。花時期は品種によって異なりますが、冬から春にかけて多く出回ります。

　日当たりのよい場所を好みますが、夏は半日陰が適しています。冬は日当たりがよく、冷たい風の当たらない場所で。季節によって移動できる鉢植えがおすすめです。

　植え替え適期は春と秋。ツツジ科で弱酸性の用土を好むので、培養土に鹿沼土やピートモスを少し混ぜるとよいでしょう。過湿に弱いので、水はけをよくすることも大事です。春と秋に液体肥料または緩効性の置き肥で追肥します。

　剪定は花後に行います。伸びた所を切るか、半分くらいに刈り込んでもだいじょうぶです。木質化した部分からは新芽が出にくいので、かならず葉を残して切りましょう。

夏になったらエリカが枯れた
パリパリに…
どの品種？
ラッパ形のやつ
あれって高温多湿に弱いよね
そうなんだ
歩いていても夏に残ってるの見ないもん
言われてみればそうかも
生き残って大きくなってるのってだいたいジャノメエリカだよ
ホントだ
品種いろいろ
ジャノメエリカ
暑さ寒さに強い 花期は冬〜春
クリスマスパレード
寒さにやや弱い 花期11〜3月
スズランエリカ
高温多湿に弱い、花期3〜4月

名前

# ギョリュウバイ（御柳梅）

別名：松紅梅（ショウコウバイ）

フトモモ科ギョリュウバイ属

常緑広葉樹／低木

花期：2〜5月、11〜12月

日なたを好む

右／枝が密に生えるので生け垣にもできます。左上／秋咲きのギョリュウバイ。左下／八重咲きも人気です。

## オセアニア原産ですが和風の庭にも合います

ギョリュウバイは和風な名前ですが、じつはオーストラリアやニュージーランドが原産です。やや寒さに弱いですが、関東以南の暖地でしたら問題なく育てられます。花色は赤、ピンク、白があります。一重咲きもありますが、八重咲き種が多く出回っています。

日当たりを好みますが、夏の西日は避けて午後から日陰になるような場所がよいでしょう。植え替え適期は4〜5月ごろ。あまり肥料を必要としないので、植え替え時に緩効性の元肥を施し、春と秋に緩効性の肥料で少し追肥する程度でよいでしょう。

水は土が乾いたらたっぷりと。過湿に弱いので、なるべく水はけのよい土に植えてください。また水切れすると急に枯れることがあるので、夏場は乾燥しすぎないように気をつけます。

剪定は、花が咲き終わってから6月ごろまでに終わらせます。夏以降に花芽を形成するので、8月以降に切ると花が咲かない原因となります。込み合った枝を整理する透かし剪定がおすすめです。高温多湿が苦手なので、風通しをよくして夏に備えましょう。

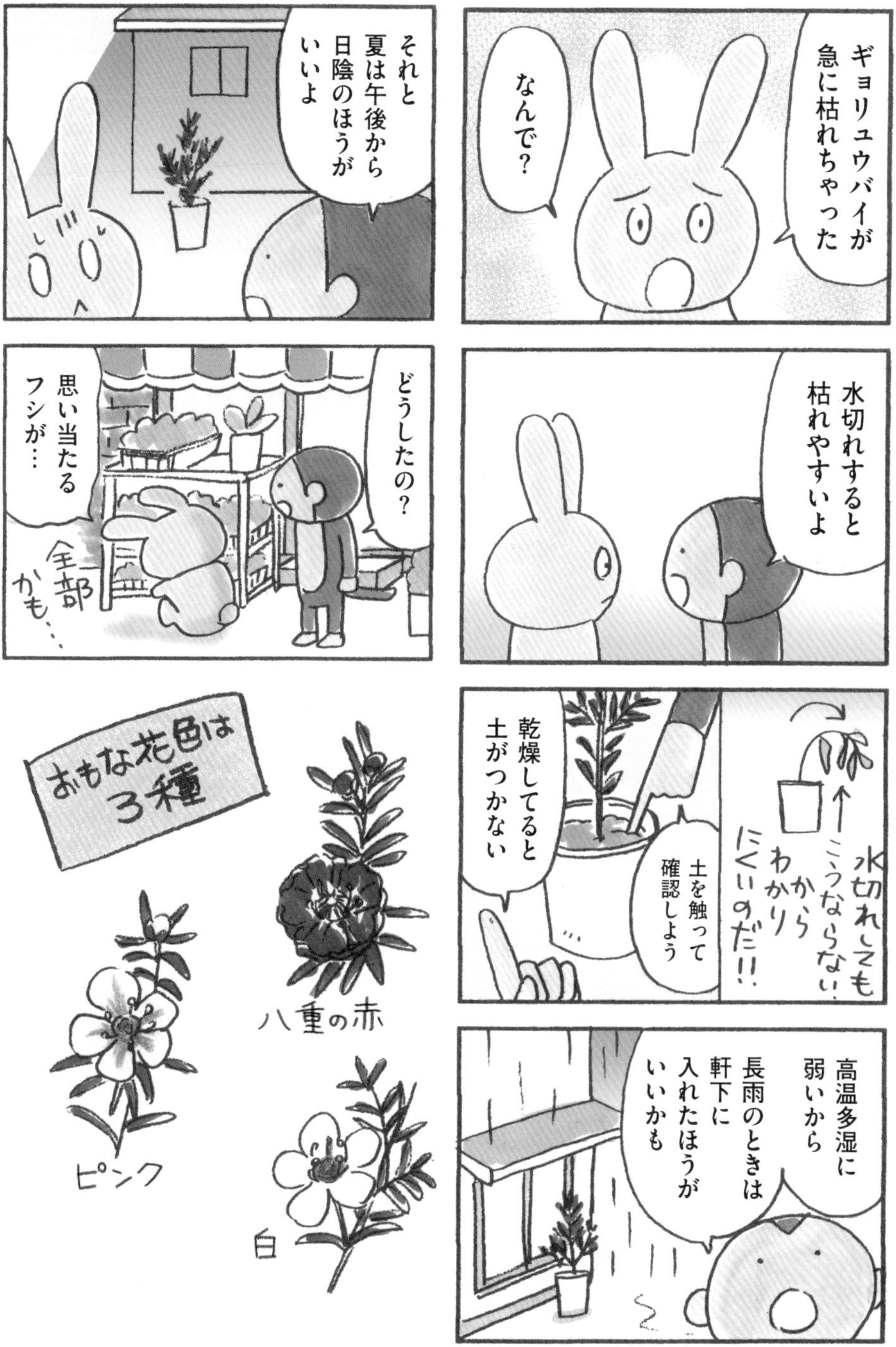
ギョリュウバイが急に枯れちゃった
なんで？
水切れすると枯れやすいよ
乾燥してると土がつかない
土を触って確認しよう
水切れしてもこうならないからわかりにくいのだ!!
高温多湿に弱いから長雨のときは軒下に入れたほうがいいかも
それと夏は午後から日陰のほうがいいよ
どうしたの？
思い当たるフシが…
全部かも…
おもな花色は3種
八重の赤
ピンク
白

名前

# フジ（藤）

マメ科フジ属

落葉広葉樹／つる性

花期：4月下旬～5月上旬

日なたを好む

右／関東ではゴールデンウィークごろに見ごろを迎えます。左／フジの花は香りがよいので、クマバチが多く訪れます。

## 藤棚でなくてOK。鉢植えで育てられます

藤棚などでおなじみのフジ。一般的に流通しているフジ（ノダフジ）と、山地に自生しているヤマフジは日本固有種です。このほかに北アメリカ固有種のアメリカフジがあります。園芸品種がたくさんあり、花色は紫、白、ピンクと豊富です。香りがよく、ハチやチョウがたくさん訪れます。

日当たりのよい場所で育てます。藤棚ではなく、鉢植えでも育てられます。盆栽も人気です。

植え替え適期は2～3月。同じかひと回り大きい鉢に植え替えます。フジは根がデリケートなので、根を切らないようにやさしく扱ってください。肥料は、落葉期と花後に緩効性肥料で追肥すればだいじょうぶです。

大きすぎる鉢に植え替えてしまうと、根が活性化して葉ばかり茂ってしまい、花がつきにくくなります。これは木の若返りといいます。イッサイフジは若木でも花が咲きやすく鉢植えで育てやすい定番の品種です。

剪定は花後の5～6月と落葉期の11～3月に行います。夏以降に新しく伸びた枝の基部に花芽を作るので、夏以降伸びすぎた枝を切ってしまうと花が咲きません。

フジが咲かない
よく聞くよね
夏に伸びてジャマだから切っちゃったんだけど…
夏に花芽を作るから切るのは花後すぐにしてね
または落葉期ね
花後の剪定
ここで切る
落葉期の剪定
花芽
花芽を残して切る
大きい鉢に植え替えたのに咲かないよ
大きい鉢に植え替えると木が若返って咲かなくなるかも
のびる
のびる
えー
いい香り
花がらを摘まないと実ができる

名前

# ハゴロモジャスミン

モクセイ科ソケイ属

常緑広葉樹／つる性

花期：4〜5月

日なたを好む

右／ハゴロモジャスミン。つぼみはピンク色。左上／黄色いカロライナジャスミン。左下／やや大きめの花のマダガスカルジャスミン。

## 芳しい香りが特長。つぼみや葉も見ごたえが

　4月の下旬になるとどこからともなくハゴロモジャスミンのいい香りがしてきます。寒さにやや弱いですが、近年は暖冬の影響か都内では戸外で冬越しできるようになりました。つる性なので、フェンスやトレリスにからませると大変見ごたえがあります。鉢植えでも育てることができます。

　暖かい地方が原産の植物なので、日当たりのよい場所を好みます。植え替え適期は春、花が咲き終わってから行います。植え替え時に元肥を施し、生長期に緩効性肥料で追肥を。また、開花前の2月ごろに寒肥を施すと、よく咲きます。

　花後は花がらが枯れて長く残るので、気になる場合は摘み取りましょう。手で簡単に摘むことができます。剪定はほとんど必要ありませんが、伸びすぎた場合は花後に少し切り戻します。秋以降に花芽を作るので、冬に短く剪定すると咲かない原因になります。強剪定は苦手な木なので、不要な枝を透かし剪定する程度にしてください。

　ジャスミン茶のジャスミンは、モクセイ科のマツリカという花でハゴロモジャスミンとは別の植物です。

なにやら
いい香り
こっち
かな
フン
フン
これこれ
いい香りがすると
思ったら
ジャスミンの
香りか～
いい香り
だよね～

# ジャスミンいろいろ

ハゴロモジャスミン
モクセイ科
つる性
冬は少し落葉する

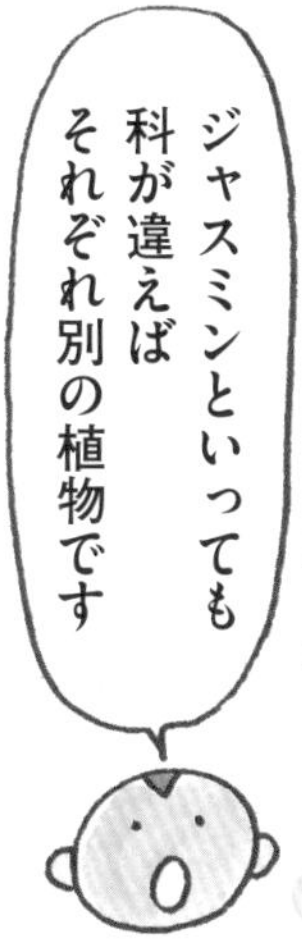
ジャスミンといっても
科が違えば
それぞれ別の植物です

カロライナ
ジャスミン
ゲルセミウム科
黄色い花
香りは控えめ

マダガスカル
ジャスミン
キョウチクトウ科
春～夏の間
長く咲く
冬は室内で

ゲッキツ
ミカン科
やや寒さに弱い

名前

# アブチロン

アオイ科アブチロン属

常緑広葉樹／つる性、低木

花期：4～11月

日なたを好む

右／生け垣状のチロリアンランプ。
左上／チロリアンランプの花。
左下／小型のハイビスカスのような‘姫りんご’の花。

## 下向きの花が長期間咲きます

アブチロンは熱帯や亜熱帯原産のアオイ科の植物で、小型のハイビスカスのような花が咲きます。つる性、立ち木性、その中間、矮性《わいせい》などさまざまな品種があり、花色も豊富です。なかでも、鐘状花タイプのチロリアンランプ（別名ウキツリボク）は、じょうぶで花つきがよく、もっともポピュラーな品種です。

日当たり、水はけのよい場所で育てます。熱帯生まれですが寒さにも比較的強く、0度まで耐寒性があります。関東以南では冬に少し落葉しますが、外で越冬できます。雪が降るときは室内に入れておくと安心。

植え替えは5～7月ごろが適期です。植え替え時に元肥を施し、2か月に一度程度緩効性肥料で追肥します。生育旺盛なので、夏場の水切れに注意してください。

剪定は、6～9月くらいに伸びすぎた枝を整えます。花は新しく伸びた枝先に咲くので、バランスを見ながら調整を。つる性種はフェンスにはわせたり、行灯《あんどん》仕立てにしたりして楽しむことができます。立ち木性で幹が細いものは支柱を立てて補強しましょう。

アブチロン・
チロリアンランプ
ここも
ここも
チロリアンランプって
いつも咲いてるよね〜
じょうぶだよね

## アブチロンのタイプいろいろ

### 立ち木性

上に伸びるタイプ

姫りんごなど

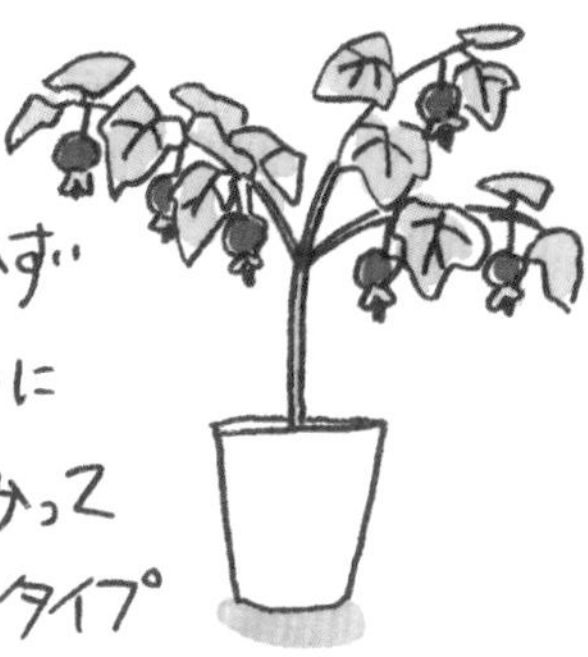

### つる性

巻きつかず壁などに寄りかかって伸びるタイプ

チロリアンランプなど

名前

# ブーゲンビレア

別名：筏葛（いかだかずら）

花期：5～10月

常緑広葉樹／つる性

オシロイバナ科ブーゲンビレア属

日なたを好む

右／地植えにするとかなり大きくなります。左上／中央の白い部分が花で、ピンク色の部分は苞。左下／白花タイプもあります。

## 壁やフェンスに誘引がおすすめ

ブーゲンビレアは南国の花のイメージが強いですが、比較的寒さにも強いので、関東以南でしたら戸外で越冬することができます。花は初夏から晩秋まで咲き続け、かなり長く楽しめます。色が褪せてきたら花がらを取り除きましょう。鉢植えでも地植えでも楽しめます。

日当たりのよい場所で育てます。日当たりが悪いと花つきが悪くなります。水は土が乾いたらたっぷりと、冬は控えめにします。つる性ですが、巻きつくタイプではなく、壁やフェンスに寄りかかって伸びるので、誘引してあげましょう。

植え替え適期は3～4月です。元肥のほか、生長期に緩効性肥料で追肥しましょう。新しく伸びた枝に花が咲くので、夏の間は伸びすぎた枝を少し切り詰めます。休眠期の11～3月は伸びすぎた枝や不要な枝を根元から切って整理します。冬は少し落葉します。

たくさんの品種があり春から鉢植えが多く出回ります。買ってきたばかりの株は、環境が変わると一気に花が落ちたりしますが、じょうぶな木なので、しばらくして新しい環境に慣れるとまた花が咲いてきます。

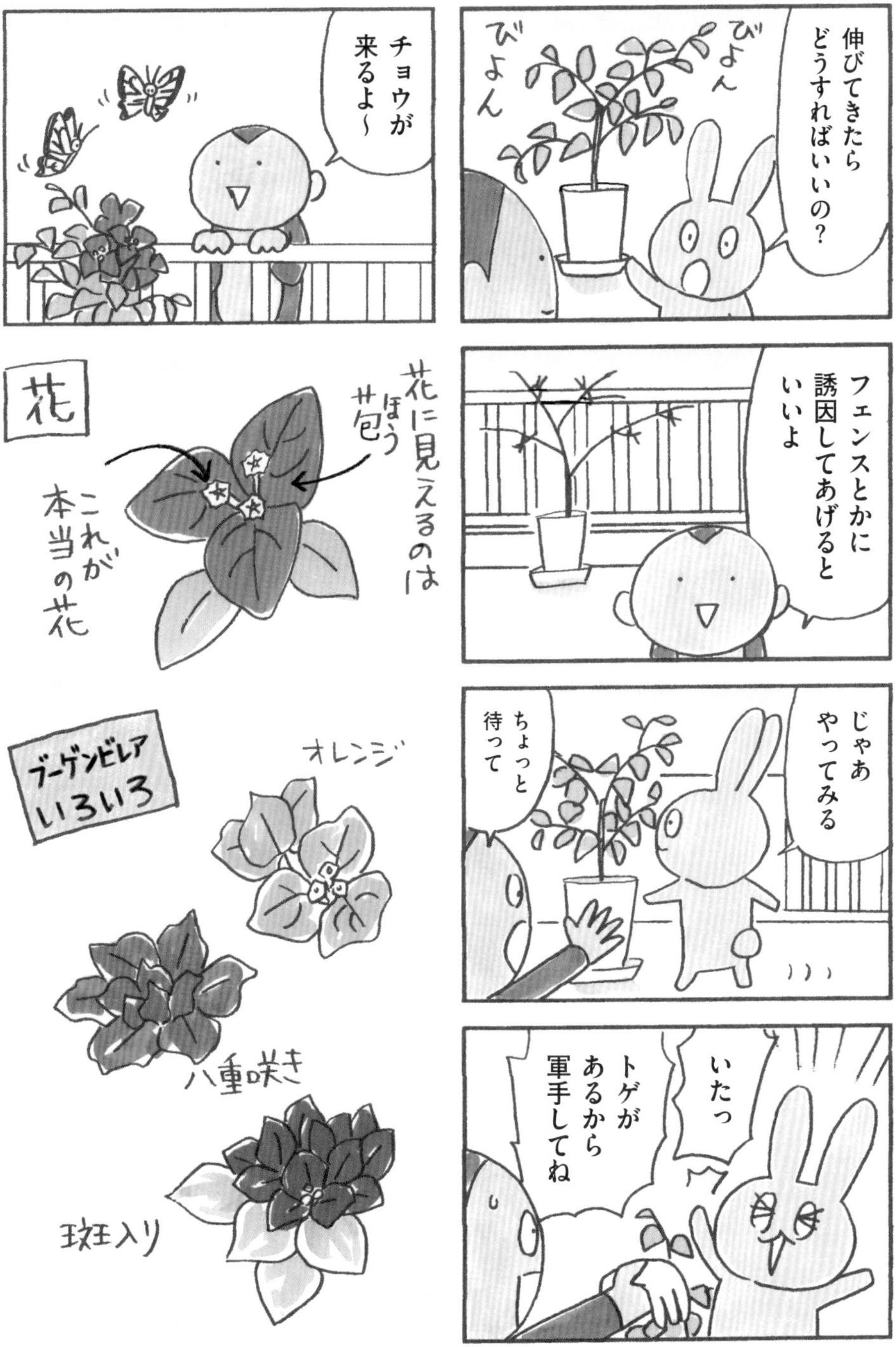
伸びてきたらどうすればいいの？
びよん
びよん
フェンスとかに誘因してあげるといいよ
じゃあやってみる
ちょっと待って
いたっ
トゲがあるから軍手してね
チョウが来るよ～
花
花に見えるのは苞《ほう》
これが本当の花
ブーゲンビレアいろいろ
オレンジ
八重咲き
斑入り

名前

# プルンバーゴ

別名：瑠璃茉莉（ルリマツリ）

花期：6～10月

半耐寒性常緑広葉樹／半つる性、低木

イソマツ科プルンバーゴ属

日なたを好む

右／生け垣としても楽しめます。放置するとかなり伸びるので適期に剪定しましょう。左／紫色の花も涼しげ。

## 涼しげな花が咲く じょうぶな熱帯花木

プルンバーゴは暑さに強く夏に涼しげな花を次々と咲かせます。多くの花は真夏にいったん休むのですが、プルンバーゴは咲き続けるので、花の少ない時期に庭を明るくしてくれます。

花色は白、水色、紫。暖地で問題なく栽培できますが、冬は落葉します。耐寒温度はマイナス2度くらい。地植えで大きくなっているのをよく目にしますが、鉢植えでも育てられます。

日当たり、風通しのよい場所で育てます。植え替え適期は3～4月。生育旺盛なので2～3年に一度は植え替えましょう。植え替え時の元肥のほか、3か月に一度緩効性肥料で追肥しましょう。花期が長いので、開花中は速効性の液体肥料で追肥してもよいでしょう。

水は土が乾いたらたっぷりと。夏場の水切れにはご注意ください。横に広がるように伸びるので支柱を立てたりフェンスに誘引するとよいでしょう。病虫害の心配はあまりありません。

花後は花元から切り戻すと、また次の花芽が上がってきます。新しい枝の先に花芽を作るので、生育期間中は切り戻し剪定してもまた花芽が上がってきます。

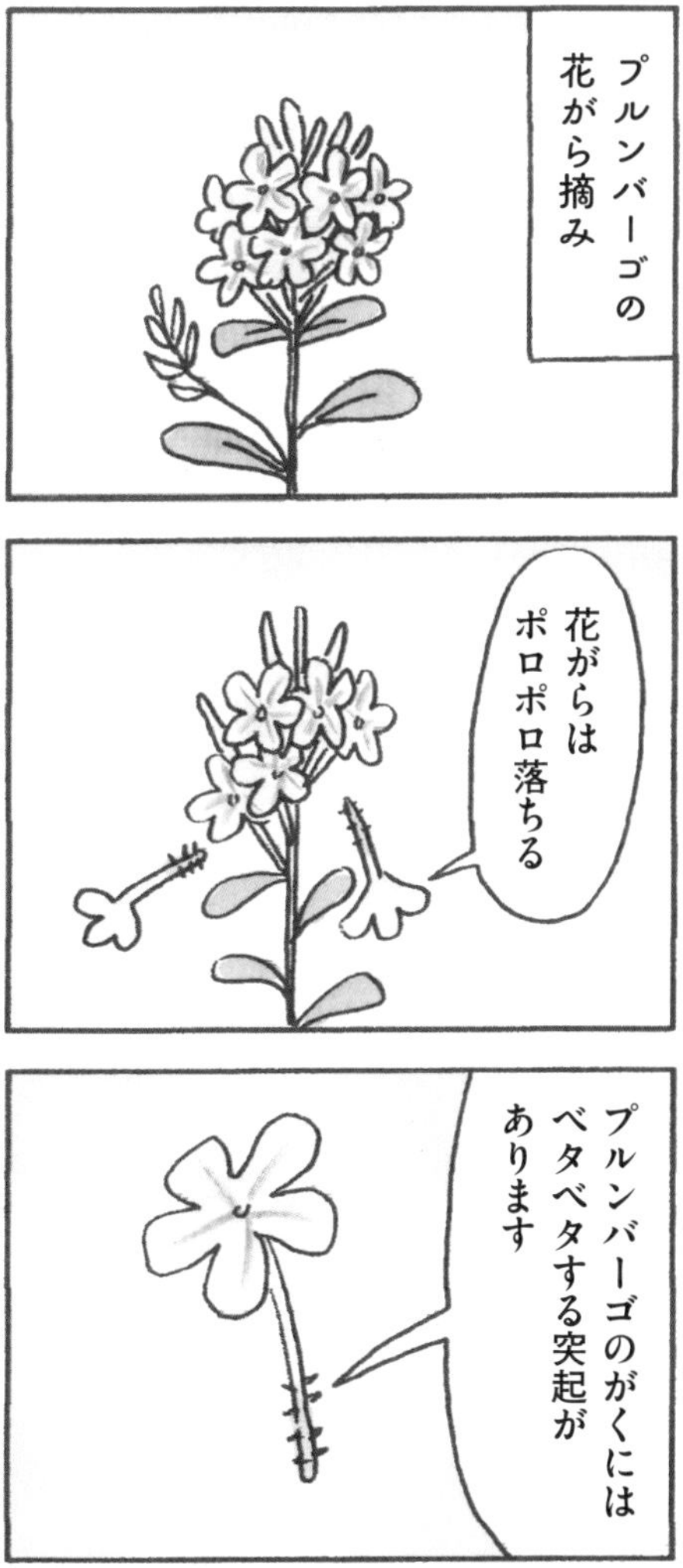
プルンバーゴの
花がら摘み
花がらは
ポロポロ落ちる
プルンバーゴのがくには
ベタベタする突起が
あります
花がら拾ってると
花がくっつくよ〜

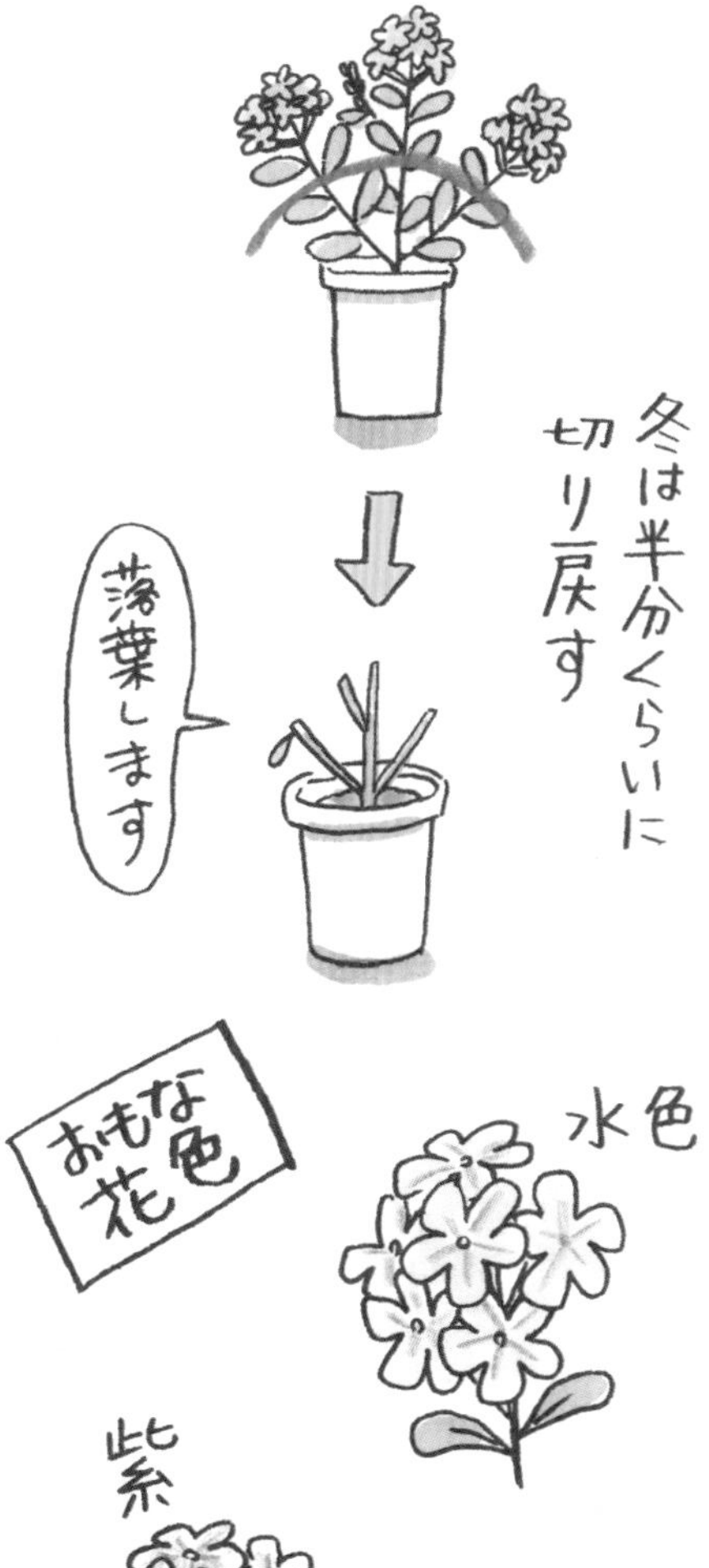
冬は半分くらいに
切り戻す
落葉します
おもな花色
水色
紫
白

名前

# デュランタ

別名：台湾連翹（タイワンレンギョウ）

花期：6～10月

クマツヅラ科ハリマツリ属
半耐寒性常緑広葉樹／半つる性、低木

日なたを好む

右／花は房状に垂れ下がって咲きます。南国では生け垣としても利用されています。左／定番品種の‘タカラヅカ’。

## 長期間花が咲き
## 戸外でも冬越し可能

デュランタは熱帯花木なのでやや寒さに弱いですが、関東以南の暖地でしたら問題なく育てられます。花色は紫に白縁の‘タカラヅカ’が多く出回っています。そのほか白花や、葉色を楽しむ品種もあります。

日当たりのよい場所で育てます。植え替え適期は4～6月ごろ。植え替え時に元肥を施し、春から秋の生長期に緩効性の置き肥または週1回くらい液体肥料で追肥してください。生育が旺盛なので、2～3年に一度は植え替えましょう。

日当たりが悪いと花つきが悪くなりますが、夏の西日がきつい場所では午後から日陰に移動を。

水やりは土が乾いたらたっぷりと与えますが、冬は控えめに。夏に極端に乾燥すると葉が落ちてしまうので、様子をみて水やりしましょう。冬は少し葉が落ちます。なるべく暖かい場所で冬越しさせてください。

花後に放置しておくと黄色い実ができますが、栄養を取られるので、花元から切り戻ししてください。強剪定は春先または冬の前、秋のうちにすませておきましょう。病虫害の心配はあまりありません。

デュランタを
ほっといたら
実ができたけど
食べられる？
それ
食べられないんだよね
なんだー
栄養取られるから
切ったほうが
いいけど
せっかくだから
観賞
しとけば
そうだね

花後はここで切る
切らないと
実ができるよ

剪定
強剪定は3月下旬に
葉のない所で切っちゃだめ

# 新枝咲き、旧枝咲きってなに？

## 旧枝咲き

**前年に伸びた枝に花芽がつきます**

アジサイ、サクラ、ハナミズキなど

アジサイ

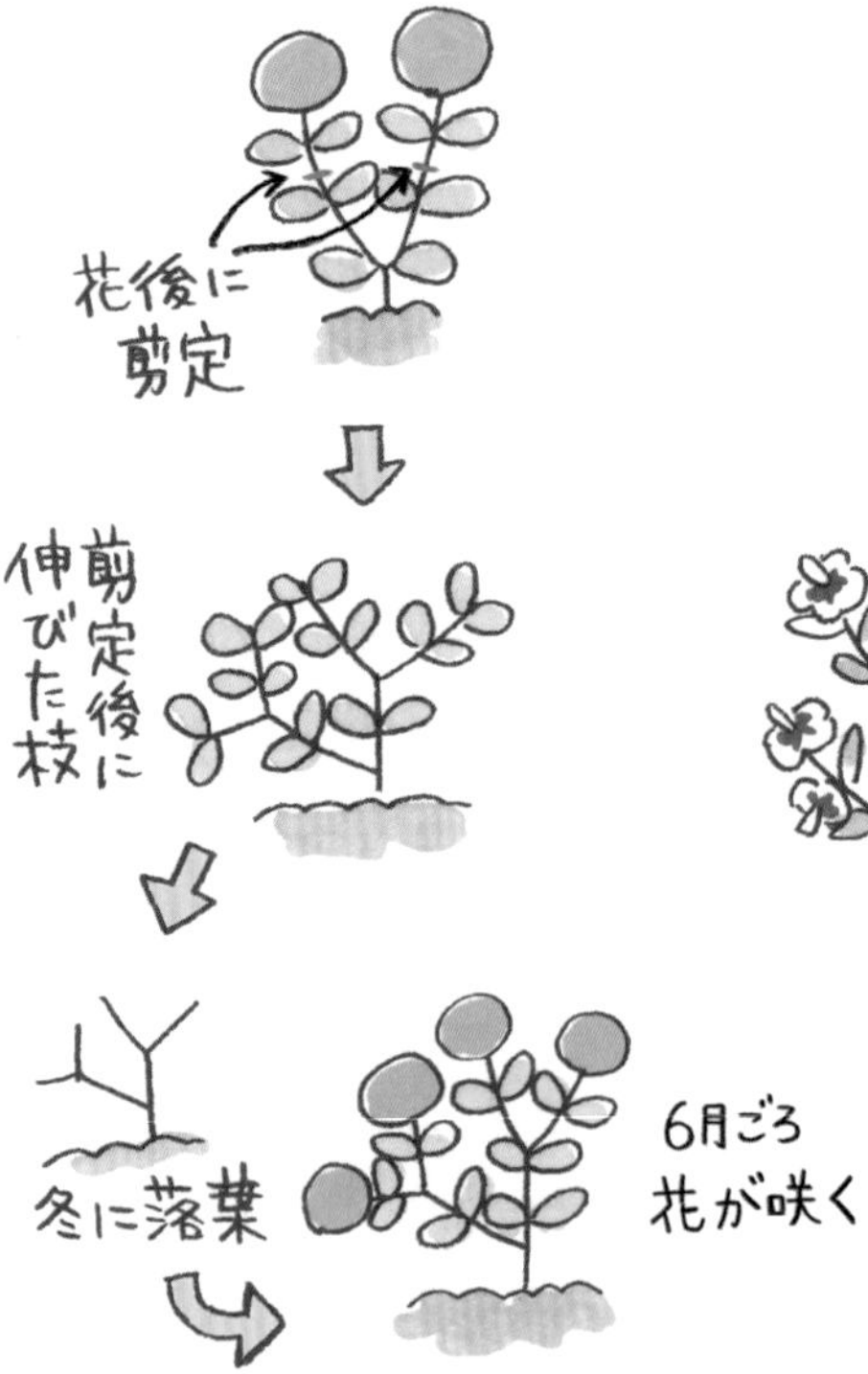


## 新枝咲き

**今年新しく伸びた枝に花芽がつきます**

ブッドレア、ムクゲなど

ムクゲ

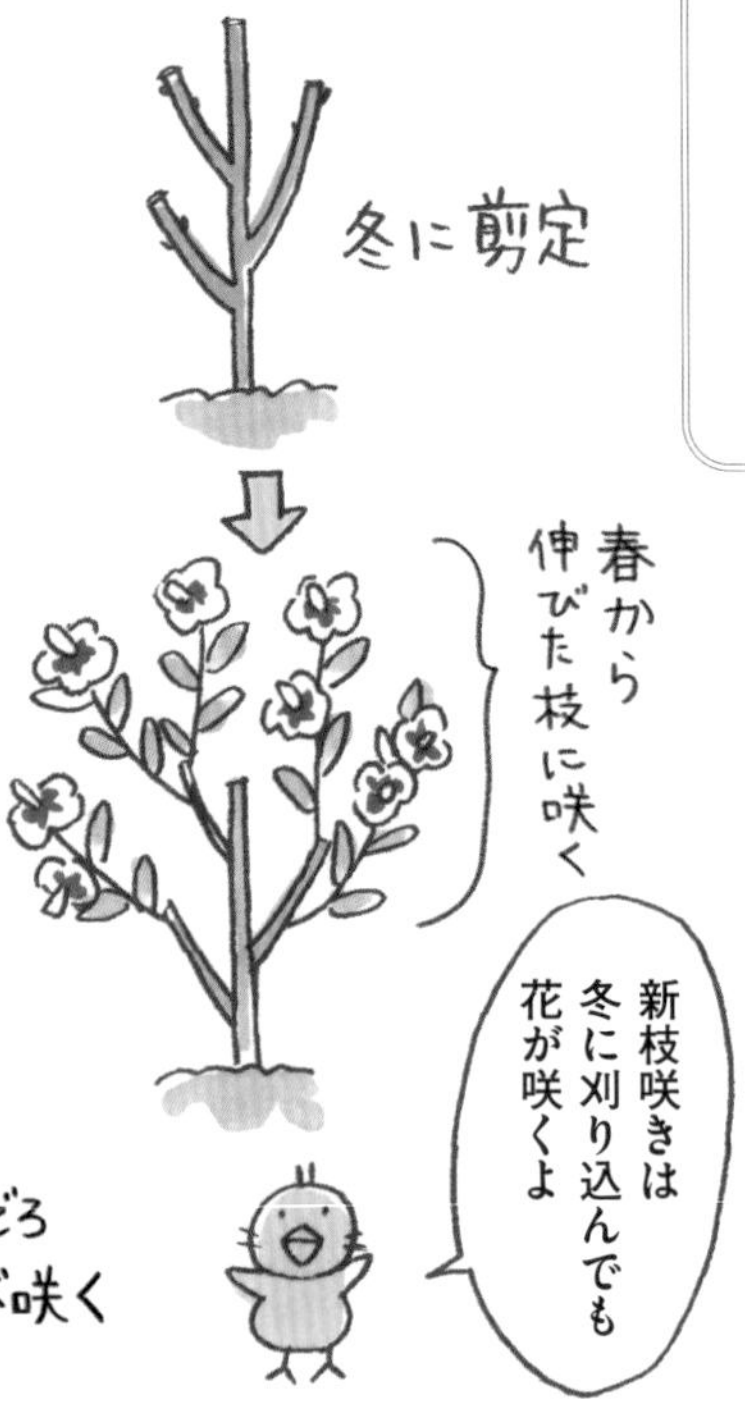

# 実を楽しむ木

名前

# ブルーベリー

ツツジ科スノキ属

落葉広葉樹／低木

花期：4～5月　果期：6～8月

日なたを好む

右／6～8月、緑の実が紫になったら収穫期です。左上／ラビットアイ系の‘メンデイト’。左下／ノーザンハイブッシュ系の‘チャンドラー’。

## 実を楽しみたいなら2本以上植えましょう

育てやすくて人気のブルーベリー。実も楽しみですが紅葉もきれいです。1本では実がならないので、同系統の異品種を2本以上植えてください。ハイブッシュ系は1本でも実がなるものもありますが、実つきをよくするなら2本以上植えたほうがよいでしょう。

酸性土壌を好むので、培養土にピートモスを混ぜるか、専用の土で植えます。乾燥しすぎると実が落ちたり、木が枯れる原因になるので、夏はとくに注意が必要。必要なときは朝晩水やりします。土の表面が乾かないようにバークチップなどでマルチングすると効果的です。

生育が旺盛なので、2～3年に一度は植え替えしましょう。植え替え適期は3月です。3月と11月に追肥をします。ふつうの肥料は土がアルカリ性になってしまうので、ブルーベリー専用の肥料がおすすめです。

剪定は落葉期の1～2月ごろ。古い枝は花が咲かなくなるので2～3年ごとに新しい枝に更新してゆきます。枝先に花芽がついているので切り詰めると実がなりません。古い枝や込み合った枝を透かすように剪定します。

## ブルーベリーいろいろ

### ラビットアイ系

暑さに強い
暖地向き
育てやすい

ティフブルー、
ホームベルなど

### ノーザンハイブッシュ系

寒さに強い
寒冷地向き
1本で実がなるものもある

レイトブルー、
アーリーブルーなど

### サザンハイブッシュ系

新しい系統の品種
暖地向き

オニール、
フロリダスター　など

ブルーベリーって小さいころは実を諦めて剪定して木を太く育てたほうがいいの?
木を太く育てる＝切る
って言うよね
まあ果樹はだいたいそうだけど
切りたくないよー
最初からある程度育ってるのを買うといいよ
大きいの高いじゃん
あとブルーベリーは1本だと実がならないので
同系統の異品種を2本以上植えてね

名前

# ダンチオウトウ（暖地桜桃）

バラ科サクラ属

落葉広葉樹／高木

花期：3〜4月　果期：4〜5月

日なたを好む

右／ダンチオウトウの実は小粒ですが実つきがいいのが特長。左／花はソメイヨシノより早めに咲きます。

## 1本でも実がなる人気のサクランボ

サクランボにもいろいろな品種がありますが、ダンチオウトウは1本でも実がなり、鉢植えでコンパクトに育てることができます。サクランボは寒冷地向けのものが多いですが、ダンチオウトウは暖地でも収穫できるので人気があります。

植え替え適期は落葉期の12〜3月です。水はけのよい土に緩効性の有機肥料を混ぜて植えます。3月、5月、10月に緩効性肥料で追肥します。日当たりを好みますが、鉢植えの場合、夏の西日には弱いので、夏は午後から日陰に移動しましょう。極端な乾燥は一気に樹が枯れることがあるので注意してください。乾燥が気になるときは土の表面をマルチングするのも効果的。

夏に花芽を作るので、剪定は3月ごろまでに行います。サクラの仲間は強剪定に弱いので、透かし剪定で不要な枝を間引くようにします。前年伸びた枝の根元と新梢のつけ根に花芽がつきます。剪定時に花芽を切りすぎないよう注意してください。接ぎ木の台木からひこばえが出てきたら切りましょう。カイガラムシやアブラムシは、見つけたら防除を。

ダンチオウトウは
1本で実がなるので
おすすめの
サクランボです
時期によって苗木、
開花株、実つき株が
出回っています
実つき株
開花株
苗木
ちゃんと
毎年なるのかな
Aさん去年買ったから
見てくれれば？
あっ
なってる
なってる
ダンチオウトウ
実がなったよ

いい香り
果樹の花は
いい香り

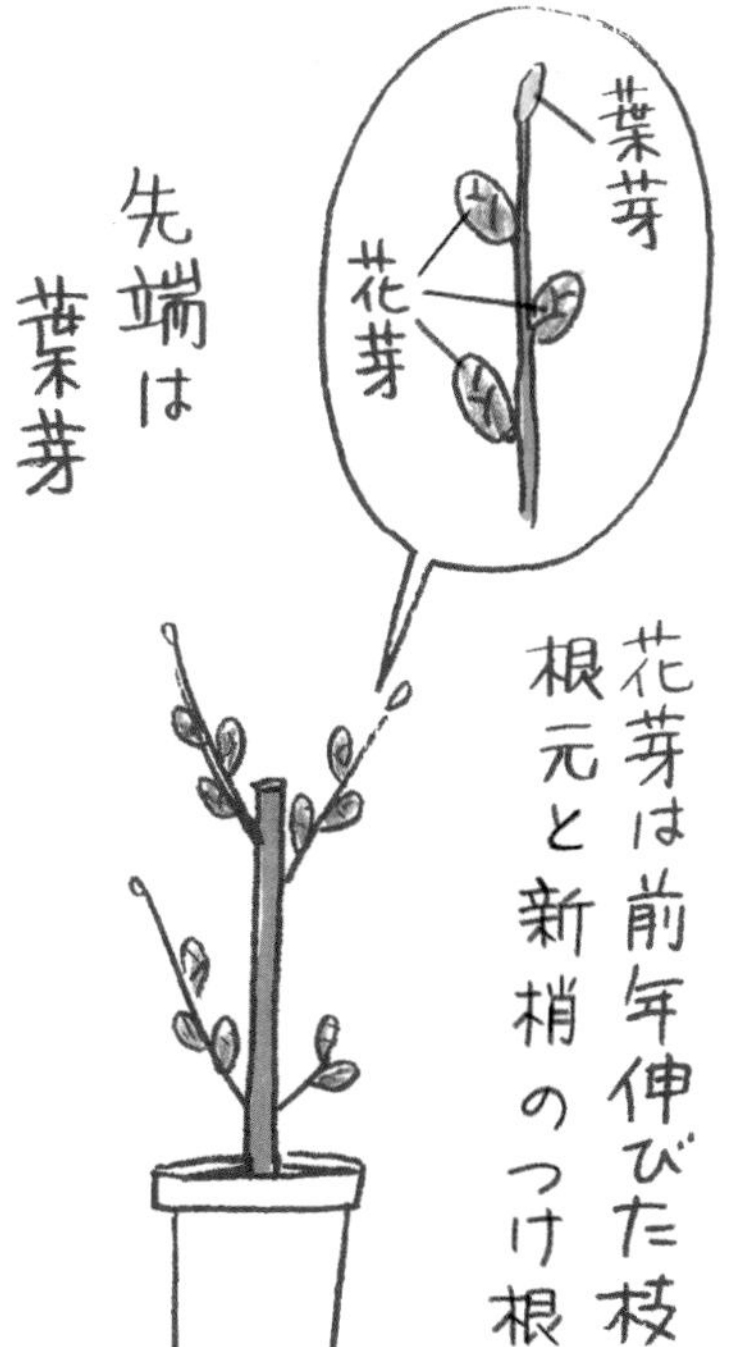
先端は
葉芽
葉芽
花芽
花芽は前年伸びた枝の
根元と新梢のつけ根につく

名前

# サンショウ（山椒）

別名：ハジカミ

ミカン科サンショウ属

落葉広葉樹／低木

花期：3～4月　果期：5～6月

半日陰を好む

右／サンショウの葉。食用にするのは春の新芽です。左上／黄色い花は春のごく短い期間に咲きます。左下／6月ごろできる実は佃煮などに。

## 葉も実も楽しめる木。乾燥に注意して

「木の芽」と呼ばれて薬味に使われているのは、サンショウの新芽です。サンショウは葉に独特な香りがあり、枝にトゲがあります。雌雄異株なので両方植えないと実がなりませんが、アサクラサンショウはトゲがなく、1本でも実がなります。幹には突起があり、香りもよく、すりこ木の原料となります。鉢植えでも育てられます。

やや湿り気のある土質を好みます。山の木陰などに自生しているので、半日陰向きです。とくに夏の西日と乾燥に弱いので、なるべく涼しい所で育ててください。夏の水切れは枯れる原因になりやすいので注意してください。乾燥するようなら、朝晩水やりするなど様子をみて調節しましょう。

デリケートなので、植え替えや植えつけ時には根を傷つけないようにやさしく扱ってください。小さいポット苗で売られているものは挿し木苗なので、まだそれほど根が張っていません。すぐに植え替えずにしばらくそのままで育て、根がしっかり張って育ってきたらひと回り大きい鉢に植え替えましょう。剪定適期は落葉期の12～3月です。

サンショウが
枯れた…
サンショウって暑いのダメなんだよ
夏の西日はNG
ウチのベランダどこに置いてもダメだった…
もう諦めた
日当たりいいもんね
涼しい所だとよく育つよね
たしかに
サンショウの実がならないよ
サンショウは雌雄異株だから
雄木と雌木を植えないと実がならないんだよ
えー知らなかった
アサクラサンショウなら1本で実がなるよ
そっちにすればよかった
サンショウはアゲハの幼虫の食草です

名前

# レモン（檸檬）

ミカン科ミカン属

常緑広葉樹／低木

花期：5〜6月　果期：10〜4月

日なたを好む

右／レモンの収穫期は開花からだいたい6か月後になります。左／花はいい香りがします。

## 早く実らせたいなら接ぎ木苗がおすすめ

実がなる木の中でも人気のレモン。育て方には少しコツがあります。関東以南の暖地でしたら問題なく育てることができますが、柑橘類はやや寒さに弱いので、なるべく暖かく日当たりのよい場所で育てます。リスボンレモンは寒さに強く育てやすい人気品種です。

実生《みしょう》の小さい苗から実がなるには3年以上かかります。コンスタントに実がなるまでには、さらに時間がかかります。接ぎ木苗のほうが生長が早く、早く収穫できるようになるので、購入時に検討してください。

植え替え適期は3月、苗と同じサイズかひと回り大きい鉢に植え替えます。あまり大きい鉢に植えると葉ばかり茂り、花が咲かないことがあります。果樹用の培養土に有機肥料などの元肥を混ぜて植えます。水は土が乾いたらたっぷりと。2月、6月、9月、11月に緩効性肥料で追肥します。レモンは肥料食いなので肥料切れに注意してください。

剪定は新芽が芽吹く前の3月ごろ、伸びすぎた枝や勢いの強い徒長枝を切り詰めます。実がなった枝には花がつかないので新芽が出るように少し切り詰めます。

ブーブー
レモンの実がならないよー
実生苗だと3～4年は実がならないいんだよね～
小さい苗木
3号ポット
えー
最初から実がなってる木を買ったほうが確実かも
高いじゃん
またそれか
あと接ぎ木苗のほうが実がなるの早いよ
接ぎ木も高いじゃん
近所の地植えのレモン
5年くらいは実がならず
7～8年目くらいからいっぱいなってます
レモンの剪定
1年目
30～40センチくらい
主幹を切る
2年目
主幹を3本仕立てにする
先端を切り詰める
3年目
新しく伸びた枝に花が咲く（実がなる）

名前

# ユズ（柚子）

ミカン科ミカン属

常緑広葉樹／小高木

花期：4〜5月　果期：10〜1月

日なたを好む

右／ユズは春に花が咲き、冬に収穫期を迎えます。左上／やや小ぶりな花ユズ（一才ユズ）の実。左下／本ユズの花。いい香りがします。

## 品種によって収穫までの年数が違う

ユズは柑橘類の中では寒さに強く、育てやすい果樹です。鉢植えでも育てることができます。苗木の年数によって収穫までにかかる時間が変わってきます。ユズというと一般的には本ユズのことで、実生《みしょう》で実がなるまでには5〜7年以上、条件によっては10年以上とかなりの時間がかかります。花ユズは一才ユズともいわれ本ユズより小ぶりですが、2〜3年で収穫できるようになります。味や香りにそれほど変わりはないので、早く収穫したい人には花ユズがおすすめです。

日当たりのよい場所で育てます。植え替えは3月が適期。土は果樹用の培養土がおすすめです。水は土が乾いたらたっぷりと。日照時間が短いと花つきが悪くなり収穫量も減るので、日当たりのよい場所で。

前年に伸びた枝に花芽をつけます。3〜4年たった古い枝には花芽がつかないので、3月に剪定します。冬に剪定すると樹が弱るので、かならず暖かくなってからにします。

施肥は3月、7月、9月に、花つきと実つきをよくするリンカリ肥料で追肥しましょう。

柑橘類には
アゲハの
幼虫がつきます
最初は
黒っぽく小さくて
目立たない(少食
終齢幼虫
ここで緑になって目立つ!!
大食い
気づいたら
ユズが
丸坊主に
全然
気がつかなかった
幼虫って
小さいとき
気が
つかない
よねー

トゲは
切っておくと
作業しやすい
ユズの
一文字仕立て
日当たりが
いいと
花芽が
つきやすい
横に広がるように
枝をひもで縛る

名前

# ジューンベリー

別名：采振木（ザイフリボク）

バラ科ザイフリボク属

落葉広葉樹／小高木

花期：4〜6月　果期：6〜7月

日なたを好む

右／ジューンベリーは庭木としても人気です。左上／サクラに似たジューンベリーの花。左下／実は6月ごろ熟します。

## 結実率が高く 病害虫にも強い果樹

春に咲く白い花はとても美しく、赤い実と紅葉も楽しめる、観賞価値が高い樹です。1本で実がなります。果樹として楽しむのはもちろん、シンボルツリーとしても人気です。鉢植えでも育てることができます。

日当たりのよい場所で育てます。乾燥に弱いので、夏の西日は避けて、乾きすぎるときは朝と夕方に水やりしてください。植え替えは落葉期の11〜3月が適期です。植え替え時は培養土に腐葉土を混ぜます。落葉期に緩効性肥料で追肥します。

剪定は1〜2月の厳寒期を避けて落葉期に行います。3月ごろが最適です。生長が緩やかなので、強剪定は避けてください。枝の先端に花芽がついているので、切ると花は咲きません。不要な枝を間引く透かし剪定で整えます。古くなった枝は花が咲きにくくなってくるので新しい枝を更新していきます。花が咲いた後の結実率は比較的高くてよく実がなります。病虫害の心配もほとんどないので育てやすい果樹です。

果実は甘酸っぱくて生食できますが、たくさんとれたらジャムや果実酒にしてもいいですね。

わーいジューンベリー
いっぱい実がなった
明日あたり
収穫しようかな
うふふ
チュン
チュン
チュン
全部
食べられた…
ジューンベリーは
鳥にも人気です

いい香り～
ジューンベリーの樹形
株立ち
自然な樹形
お好みで
選んでね
幹立ち
コンパクトに
まとまる

名前

# フェイジョア

別名：パイナップルグアバ

フトモモ科アッカ属

常緑広葉樹／低木

花期：5～6月　果期：10～12月

日なたを好む

右／フェイジョアは葉色も楽しめます。
左上／初夏に咲くフェイジョアの花。
左下／甘酸っぱい実の収穫期は10～12月ごろ。

## 人工授粉すると実つきがよくなります

フェイジョアは、かわいい花と実が楽しめる、じょうぶな樹です。葉の表は明るい緑色で、裏はシルバーっぽい緑でモダンな雰囲気です。刈り込みにも耐えるので生け垣としても利用されています。

1本では実がならないので、実を収穫したい場合は異品種を2本以上植えてください。原産地では小鳥や虫が授粉役ですが、開花期は日本の梅雨時なので虫の飛来があまり多くありません。花を一つ取って人工授粉させるとよいでしょう。

日当たりのよい場所で育てます。暖地では問題なく冬越しできますが、やや寒さに弱いので、冬は冷たい風の当たらない暖かい場所で。幼木はとくに寒さに弱いので注意しましょう。

植え替え適期は3月ごろ。腐葉土や有機肥料を少し混ぜた水はけのよい土に植えてください。2～3月、7～8月、10～11月に速効性の液体肥料で追肥します。

花は5～6月ごろに咲きます。剪定適期は3月ごろですが、昨年伸びた枝から今年伸びた枝先に花芽がつくので、収穫したい場合は刈り込まず込み合った枝を透かし剪定します。

最近よく見る常緑樹の植栽
フェイジョア
セイヨウイワナンテン
ツワブキ
フェイジョアの生け垣もよく見ます
最近フェイジョア増えたよねー
花は咲いてるけど実がなってるの見ないな～
フェイジョアは1本だと実がならないものが多いよ
オリーブとかブルーベリーと同じ自家不和合性
そうなんだ

フトモモ科っておしべが目立つの多いね
おしべの目立つかわいい花
めしべにおしべの花粉をくっつける
実

| 1本でなる | 2本植えるべし |
| --- | --- |
| アポロ | マンモス |
| ジェミニ | トライアンフ |
| クーリッジ | マリアン |

名前

# イチジク（無花果）

クワ科イチジク属

落葉広葉樹／小高木

花期／果期：品種によって異なる

日なたを好む

右／葉っぱのつけ根に実ができます。左上／定番品種の‘桝井ドーフィン’。左下／秋果の‘ネグローネ’はコンパクトで育てやすい品種です。

## 品種によって収穫期が異なる

　イチジクは1本で実がなります。葉もかわいらしくて人気の果樹です。鉢植えでも育てられます。購入時の大きさによって実がなるまでの年数は異なりますが、2〜3年目くらいから実はなるようです。夏に実がなる夏果、秋に実がなる秋果、夏と秋両方収穫できる夏秋兼用果があります。品種によって異なるので購入時によく確認しましょう。

　日当たりのよい場所で育てます。水は土が乾いたらたっぷりと与えます。イチジクは生長が早いので、夏はたくさん水を吸います。乾燥しすぎると葉が落ちるので気をつけてください。

　植え替え適期は落葉期の11〜2月ごろです。植え替え時に腐葉土や有機肥料で元肥（寒肥）を施します。初夏と収穫後に緩効性肥料で追肥します。果樹用の肥料がおすすめです。

　剪定は落葉期に行いますが、品種によって方法が異なります。夏果専用種はもう花芽があるので伸びすぎた枝だけ少し切り戻します。秋果と夏秋兼用果は2〜5芽くらい残して切り戻し剪定します。太い枝を切ったときは癒合剤を塗っておきましょう。

## 基本の剪定

新しく伸びた枝先を少し切り戻す（落葉期に行う）

## 品種いろいろ

夏秋兼用果

桝井ドーフィン

定番品種

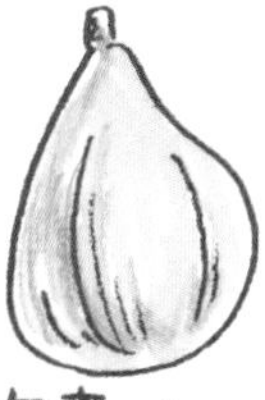

夏果

ザ・キング

大きい

秋果

ネグローネ

赤い果実

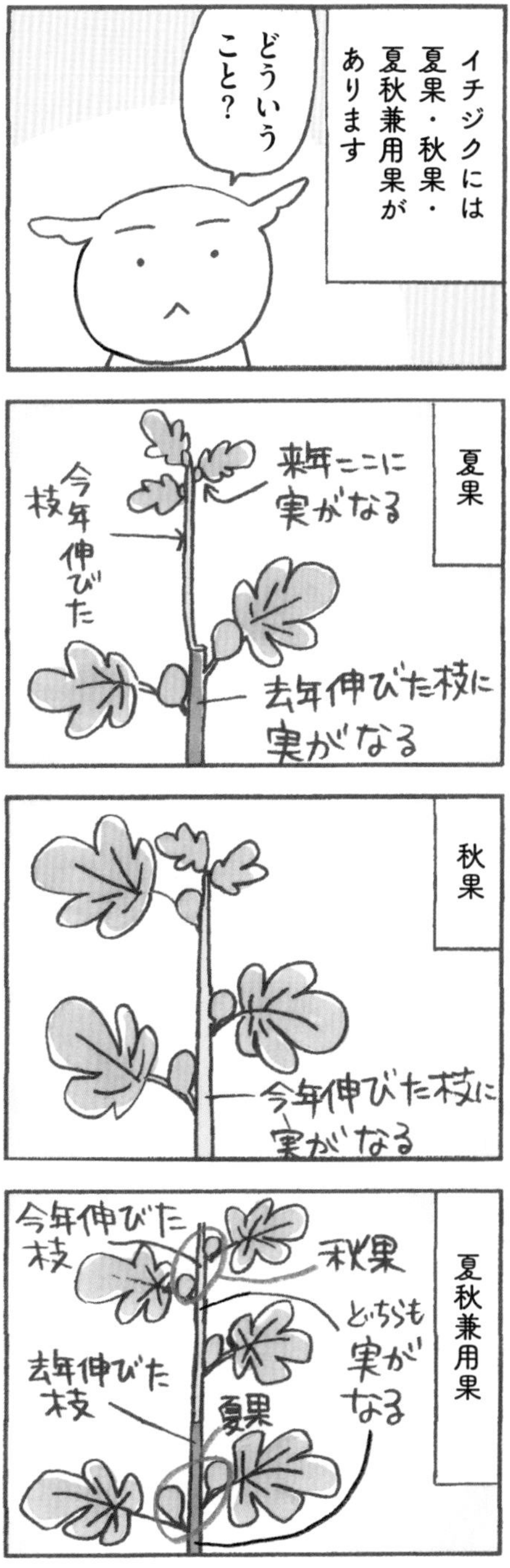

名前

# コムラサキ（小紫）

別名：ムラサキシキブ

シソ科ムラサキシキブ属

落葉広葉樹／低木

花期：6～7月　果期：9～10月

日なたを好む

右／たわわに実ったコムラサキの実。
左／夏から秋にかけて、実が緑色から紫に徐々に色づいていきます。

## 開花期から落葉期まで長く楽しめる木

一般にムラサキシキブの名で売られているのは園芸種のコムラサキで、ムラサキシキブより実つきがよく、やや小型です。白実の品種シロシキブもあります。夏ごろから鉢植えや苗が出回ります。

日当たりのよい場所で育てます。植え替え適期は3月。じょうぶで生長が早いので2～3年に一度は植え替えましょう。植え替え時の元肥のほか、緩効性肥料で追肥を。葉が黄変したら肥料切れなので、様子をみて調節してください。水は土が乾いたらたっぷりと。

新しく伸びた枝に花芽がつきます。生長が早く、やや暴れる樹形なので、毎年2回、冬と初夏の剪定がおすすめです。落葉期に伸びすぎた枝を切り詰めて整え、6月ごろ徒長枝や込み合った枝を根元から切って、透かし剪定をします。花が咲いている枝を切ると実はつかないので、バランスを見ながら行ってください。

風通しが悪いとアブラムシやカイガラムシがつくことがあるので見つけたら防除してください。

実だけでなく花もきれいなので、開花期から落葉期まで長く楽しめます。

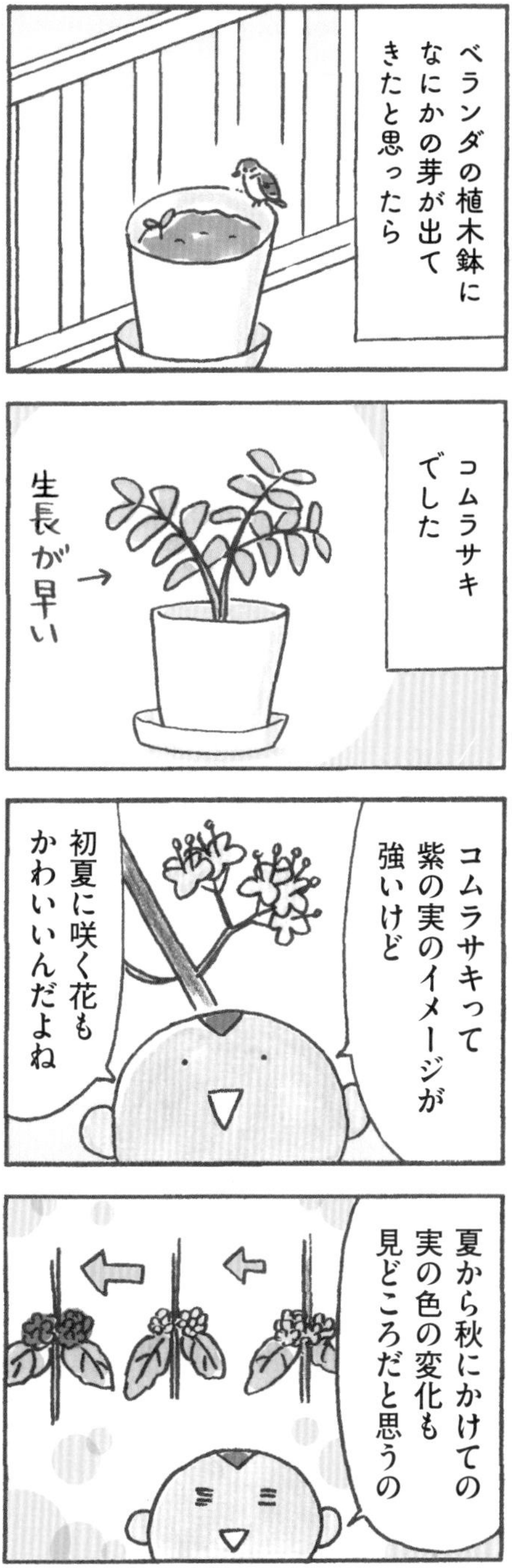
ベランダの植木鉢になにかの芽が出てきたと思ったら
コムラサキでした
生長が早い→
コムラサキって紫の実のイメージが強いけど
初夏に咲く花もかわいいんだよね
夏から秋にかけての実の色の変化も見どころだと思うの

剪定
強剪定してもOK
落葉期に伸びすぎた枝を整理する

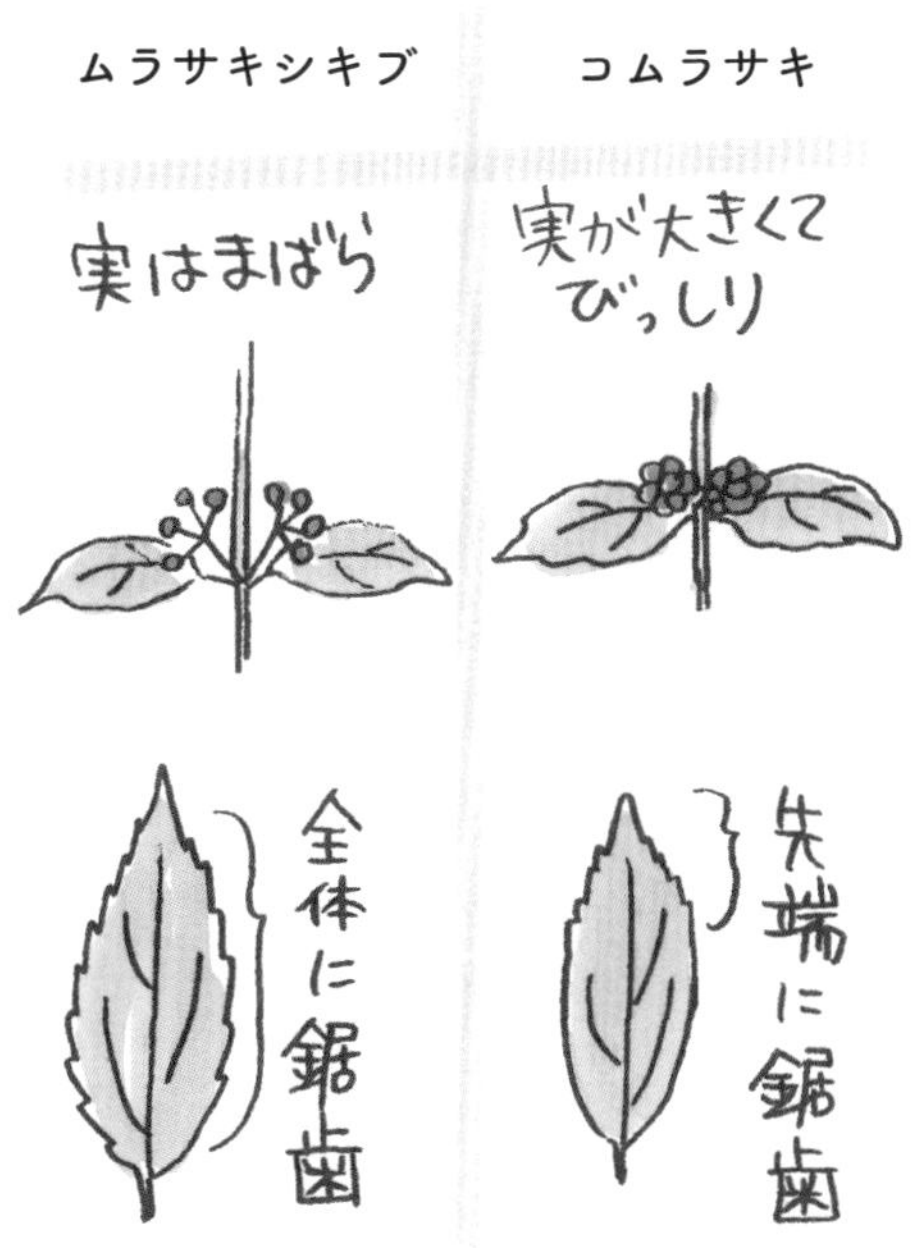
ムラサキシキブ
コムラサキ
実はまばら
実が大きくてびっしり
全体に鋸歯
先端に鋸歯

名前

# センリョウ（千両）

別名：草珊瑚（クササンゴ）

センリョウ科センリョウ属

常緑広葉樹／低木

花期：6～7月　果期：11～1月

半日陰を好む

右／センリョウの実は鳥に人気です。
左上／葉の上に実がつきます。
左下／マンリョウの実は葉の下に。

## 日陰と湿り気を好み剪定いらず

縁起のいい木の代表選手センリョウ。お正月に欠かせない花材です。鉢植えも切り花も人気です。

日陰を好むので、直射日光や西日を避けて育てます。冬は冷たい風の当たらない場所が適しています。やや湿り気を好むので、夏場の乾燥には注意してください。

植え替え適期は3月ごろです。根をいじられるのが嫌いなので、ていねいに扱いましょう。肥料はあまり必要としません。窒素分の多い肥料を与えると、葉ばかり茂って花が咲かないので気をつけてください。

放っておいても自然と整う樹形なので、あまり剪定しなくてもだいじょうぶ。3年以上たった古い枝には実がつかないので、剪定するなら古い枝を根元から切り取ります。

発芽率は比較的高いので、実生《みしょう》でも育てることができます。赤玉土などに種まきして発芽まで乾かさないようにします。春ごろ発芽します。実生から3年目くらいで実がなります。

センリョウ、マンリョウ、ジュウリョウとありますが、みな常緑であまり大きくならず、半日陰向きなので育てやすくおすすめです。

センリョウは日陰が好き
半日陰
うちのセンリョウは置き場がなくて日当たりのよいベランダに置いていますので
葉色が悪いです
それでも仕方なく育てていたら5年目くらいでだいぶふつうの色になってきました
ごめんよ
まぶしいよー
そしてまったく植え替えしてない割に毎年実がなってます
植え替えしろや
ごめん
センリョウはほとんど枝分かれしないので
剪定は古い枝を根元から間引きます
古い枝は茎が黒っぽい
センリョウの仲間たち
センリョウ（クササンゴ）
上に実がつく
マンリョウ（ヤブタチバナ）
下に実がつく
ジュウリョウ（ヤブコウジ）
小さい

名前

# クリスマスホーリー

別名：チャイニーズホーリー、セイヨウヒイラギ

モチノキ科モチノキ属

常緑広葉樹／小高木

花期：4～5月　果期：11～12月

日なたを好む

右／クリスマスホーリーの実。冬に赤く色づきます。左／白い花が4～5月に咲きます。

## 生長がゆっくりで育てやすい常緑樹

モチノキ科のヒイラギはいくつかの種類がありますが、クリスマスシーズンに多く出回っているのは、たいていチャイニーズホーリーです。春に花が咲き、冬に実が赤く熟します。常緑で生長がゆっくりで育てやすい木です。冬場に実のついた鉢植えが出回ります。クリスマスのリース用や花材としても人気で、切り花も多く出回ります。

日当たりが悪いと実つきが悪くなるので注意してください。ただし夏は西日を避けて、午後から日陰になる場所で。極端な乾燥には弱いので夏場は乾燥しすぎないようにしましょう。

植え替えは3～4月が適期です。2～3年に一度は植え替えましょう。植えつけ時に元肥を施し、花が咲く前2～3月と6月ごろに緩効性肥料で追肥します。

生長が遅いので剪定の必要はあまりありません。さほど大きくならないので、鉢植えで育てやすいです。剪定するなら3～4月または9月ごろ、強剪定はせずに伸びすぎた枝を整える程度にとどめましょう。カイガラムシがついたら防除してください。

これってヒイラギ？
クリスマスホーリーだよ
？
あれ
うちのヒイラギって赤い実ならないよ
ヒイラギは黒い実だよ
知らなかった
クリスマスホーリーとヒイラギはまったく別ものなんだよ

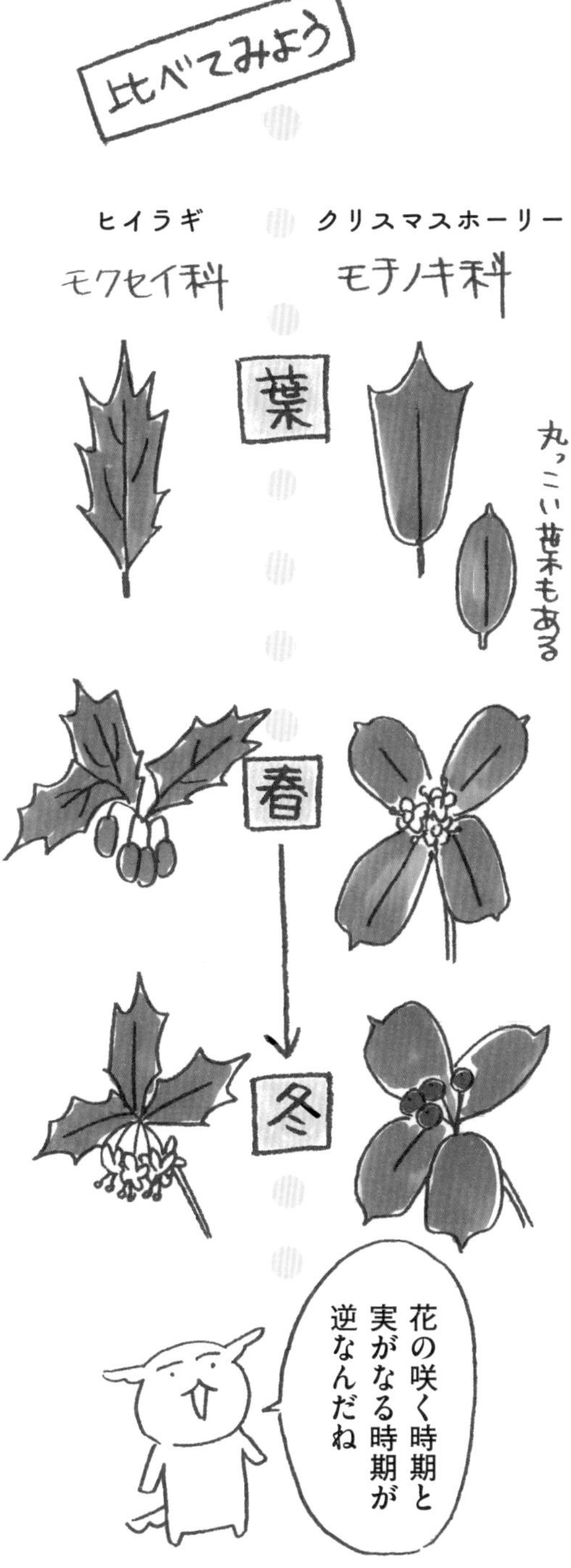
比べてみよう
ヒイラギ
モクセイ科
クリスマスホーリー
モチノキ科
葉
丸っこい葉もある
春
冬
花の咲く時期と実がなる時期が逆なんだね

# さくいん


## ア

アザレア……80
アジサイ……90
アブチロン……108
アベリア……82
イチジク……132
ウメ……46
エニシダ……58
エリカ……100
オーストラリアンローズマリー……92
オタフクナンテン……36
オリーブ……16

## カ

カナメモチ……28
ギョリュウバイ……102
キンモクセイ……70
クリスマスホーリー……138
コニファー……22
コムラサキ……134

## サ

サクラ……52
サルスベリ……68
サンショウ……122
シマトネリコ……18
シャクナゲ……86
ジューンベリー……128
ジンチョウゲ……76
スモークツリー……64
セイヨウイワナンテン……38
センリョウ……136

## タ

ダンチオウトウ……120
ツバキ……72
デュランタ……114
ドドナエア……26

## ハ

ハギ……98
ハゴロモジャスミン……106
ハナミズキ……54
ヒイラギ……32

ブーゲンビレア……110
フェイジョア……130
フジ……104
ブッドレア……96
ブラシノキ……62
ブルーベリー……118
プルンバーゴ……112
ボケ……74

## マ

マツ……34
マホニアコンフューサ……40
ミニバラ……84
ミモザ……48
ミントブッシュ……94
ムクゲ……66
メラレウカ……24
モミジ……30
モモ……50

## ヤ

ヤマボウシ……56
ユーカリ……20
ユキヤナギ……78
ユズ……126

## ラ

ライラック……60
ランタナ……88
レモン……124
ロウバイ……44

# おわりに

最後までお読みいただきありがとうございます
店と家でいろいろ育てておりますが
最近気がついたんだけど
なんすか
まじめに世話していると
よく育つよね!!
当たり前じゃん

でもさー
忙しくて
できないときも
あるじゃん
まあ
そうだけどさー
ということで
少しずつ
やっております
早く〜
早く!!
今日は君の
植え替えだ
ちょっと
待ってね
まだ?
ザク
ザク

花福こざる（はなふく こざる）
群馬県出身。東京都大田区南雪谷にて夫と2人で花屋「花福」を営む、花屋兼漫画家。植物とネコと古いものが好き。著書に『公園植物ワンダーランド』（イースト・プレス）、『アラサー独女シマちゃんのベランダレシピ』（ぶんか社）、『花を育ててみたいのですが。枯らさないコツ、花屋が教えます』（家の光協会）など。
https://ameblo.jp/hanafukukozaru/
Instagram @hanafuku_kozaru

**木を育ててみたいのですが。**
**鉢植えで気軽にはじめられます**

2023年９月20日　第１刷発行

著 者 ――― 花福こざる
発行者 ――― 木下春雄
発行所 ――― 一般社団法人 家の光協会
〒162-8448　東京都新宿区市谷船河原町11
電話　03-3266-9029(販売)
　　　03-3266-9028(編集)
振替　00150-1-4724
印刷・製本 ――― 図書印刷株式会社

ブックデザイン――藤田康平（Barber）
校正――安久都淳子
DTP製作――天龍社
画像素材――PIXTA


ISBN978-4-259-56771-2 C0061